JN035279

新 ビジネスとオフィスワーク

水原　道子

監修

宮田　篤

編著

上田　知美
苅野　正美
串田　敏美
兒島　尚子
髙橋眞知子
平田　祐子
西村この実
野坂　純子
森山　廣美

著

樹村房

序

　本書は，2012(平成24)年3月に上梓された水原道子編著『ビジネスとオフィスワーク』の改訂版です。初版以来，大学・短期大学・専門学校などの高等教育機関で，秘書実務・ビジネス実務系科目を中心に幅広くご採用いただき，7年間で9刷を重ねるに至りました。

　その間に，野村総合研究所とオックスフォード大学との共同研究において，人工知能やロボットなどによる代替の可能性が高い職業と低い職業の確率を試算・公表するなど，IoT・AI導入を含めた働き方についての変革が求められるようになりました。加えて，社会環境・教育環境・情報環境も大きく変化し，ビジネスやオフィスワークの基本を学ぶテキストの再構築が余儀なくされてきました。

　この状況を踏まえ，今回の改訂では新たに〈基礎編〉を組み入れ，現代社会における企業倫理の重要性，特にCSRや働き方について考えるチャンスをつくりました。

　「秘書実務」「ビジネス実務演習」などのメインテキストとしてはもちろんのこと，「秘書技能検定」「サービス接遇検定」などのビジネス系検定の対策となるように，ポイント学習としての練習問題を組み込む構成や，お客さまと関わる場面を想定した〈接遇編〉の実習的学習，業務としての幅広い行動を教養・常識をふまえて学習する〈事務編〉など，「基本を知り，実務が身につく」内容となっております。

　2012年版を執筆した際には，東日本大震災の記憶が常に脳裏をよぎり，今回の改訂時には，日本各地が「激甚指定」の災害に見舞われるなかでの執筆・編集となりました。

　このように「想定外」という言葉が連日さまざまなメディアで飛び交い，ICT技術・働き方・仕事に対する倫理観などが日々変化し続ける時代において，多様な状況と限られた時間のなかで学ぶ皆さまに，ビジネスの常識をたえず意識し，自分のものとしていくための実務テキストとして，本書をご活用いただければ幸いです。

　最後に，本書の出版にあたり多大なるご指導・ご尽力を賜りました監修の水原道子先生，(株)樹村房の大塚栄一社長に，心より御礼を申し上げます。

　2020(令和2)年3月吉日

執筆者一同

新・ビジネスとオフィスワーク──もくじ

はじめに

── ビジネス実務を学ぶにあたり ──

　ビジネスの語源は，古代英語の「bisignisse」とされている。この言葉は「care（ケア）」「anxiety（心配事）」などの意味で使われていた。つまり，単に仕事や職業・業務・商取引・経済活動などの実利的・技能的な面だけでなく，そこには相手に配慮するという，人間の根源的な意味をみてとることができる。

　ビジネス実務とは，このような深く広い意味をもつビジネスを行うときの「仕事の基本」である。この仕事の基本には，社会に出て働くときに身につけていなければならないスキルと知識に加え，職場におけるルールやマナー，良好な人間関係を構築していく方法なども求められる。

　はじめに，この幅広い内容のビジネス実務を学ぶにあたり，機能としての会社と仕事，そして，意識としての心得と企業倫理について理解しておこう。

1．ビジネス実務とは

　仕事は自分一人だけで行うものではなく，多くの人びとと協働することによって，より成果が上がる。このとき，ビジネス実務の知識が身についていないと，上司や先輩，同僚，後輩をはじめ，お客さまなど取引先からの信頼を得ることが難しくなる。つまり，「ビジネス実務」は仕事の基本であり，社会人になるための必須アイテムといえる。

（1）企業とビジネス社会

　ビジネスとは，経営理念にもとづいて，経営資源である，ヒト・モノ・カネ・情報・ナレッジ（知識・知的財産）を適正配分し，利益と事業目的を追求して存続・発展していくために，企業と企業，あるいは企業と個人の間で行われる取引のことを指している。

1）会社の仕組み

◆　株式会社

　会社は「共同で事業を行うところ」である。共同で事業を行う理由は，次の3点である。
　① 一人よりも多人数の方が大きな事業を行える
　② 個人より組織の方が資金調達をする力が強くなる
　③ 個人で背負うリスクを組織であれば分散できる
　さらに，会社は，事業ニーズに応じた製品やサービスを提供し，その対価を収益として得る。この収益は，給料として社員に分配されたり，税金として納めたり，配当金としての支払いや社会貢献などとして配分される。
　会社には，株式会社・合名会社・合資会社・合同会社[1] がある。このなかで株式会社が最も多い。その最大の理由は，「株式[2]」により資金調達ができるという点である。そして，株式をもっている「株主」は，利益の一部を配当として受け取ることができる。
　株式会社の所有権は，株式会社ではなく出資者である株主にあるが，実際に経営を行うのは，会社の運営機関である。これを，「所有と経営の分離」という。

1：2005（平成17）年に成立，翌年施行の「会社法」で有限会社をつくることはできなくなった
2：株式とは，株式会社に出資してくれた人に渡す証書である

■ 企業と会社

　辞書で調べると，企業も会社も「利益を得る目的で事業を行っているところ」と同じ意味で使い，さまざまな仕事をする事業所のことを示し，実態は同じである。税法上は「会社＝法人」のことを指す。会社は会社法に則りつくられた組織体であり，企業は経済活動を目的につくられた組織体である。また，法人には「法律上，ヒトとして扱われ，納税義務があり，申請・登記などの権利を有するモノ」の意味がある。さらに，会社以外にも，「財団法人」「医療法人」「社会福祉法人」など，利益を目的としない法人がある。

2）株式会社の運営と組織

　株式会社は，株主総会・取締役会・監査役会という，3つの機関によって運営されている（図1）。これを国の三権分立にたとえると，株主総会が国会，取締役が内閣，監査役会が裁判所である。

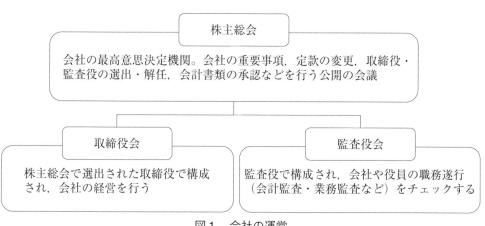

図1　会社の運営

会社の組織は，通常，縦の役割分業（垂直的分業）を担うピラミッド型[3]になっている。

　上から，経営管理者層（トップ・マネジメント），中間管理者層（ミドル・マネジメント），監督者層（ロア・マネジメント），一般社員層（オペレーター）となっている。

　さらに，会社には，横の役割分業（水平的分業）もある。また，これらのさまざまな部門は，ライン部門とスタッフ部門に分けることができる。ライン部門とは，企業の存続発展のために直接的な活動を通じて利益を生み出す部門であり，スタッフ部門とは，ライン部門を専門的な立場から後方支援するための，間接的な部門である（図2）。

　このほか，フラット組織と呼ぶ，IT企業などの新しい組織に多く取り入れられている中間管理職層をなくして経営と現場を直接結びつけた，立場・役割を固定しないで自由な発想・行動を誘因する組織もある。

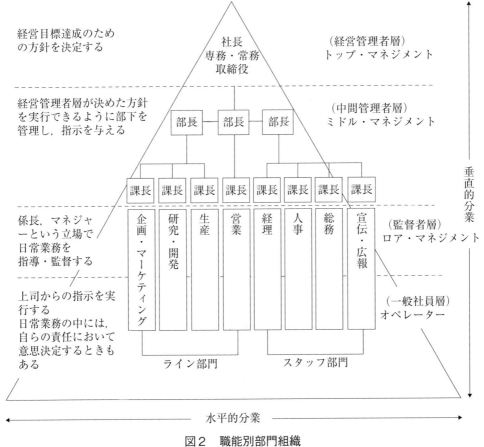

図2　職能別部門組織

3：複数の事業を展開する会社では，事業部制をとるところもある

3）職種と業種

就職活動が始まると，「どの職種・職業を選ぶのか」「どこの企業をめざすのか」「その企業ではどのような仕事があり，なにが自分に向いているのだろうか」と考える。仕事は，自分の興味・能力・価値観を表現するものであり，活動を始めるまでに自己分析をしたうえで，自分の「興味・能力・価値観」を探り，自己理解を十分に深めてく必要がある。

そのうえで必要となる知識が，「職種と業種」という言葉である。

職種とは，入社後に担当する仕事の種類であり（表1），業種とは，事業や営業の種類を示すものである（表2）。しかし，分類不能な職種・業種もある。

表1　主な職種分類

職種	仕事内容
事務職	総務・人事・経理，営業事務など，主にスタッフ部門の仕事をする
営業・販売職	企業販売と，不特定多数の客を相手に行う店頭販売がある
サービス職	CAやホテルマンなど，サービスを提供する業界で働く
専門職	医師，薬剤師，看護師，会計士・税理士，教員，デザイナー，栄養士など，資格・専門知識・技術を要する仕事をする

表2　主な産業（業種）分類

1	農業	9	運輸・郵便業
2	林業	10	卸売・小売業
3	漁業	11	金融・保険業
4	鉱業	12	医療・福祉業
5	建設業	13	教育・学習支援業
6	製造業	14	飲食店・宿泊業
7	電気・ガス・熱供給・水道業	15	サービス業
8	情報通信業	16	公務

出典：総務省　日本標準産業分類（2013年改定）

（2）働くとは

1）なぜ働くのか

　「働く意識調査」によると，働く「理由」は，①お金を得るため，②社会の一員として務めを果たすため，③自分の能力を発揮するためなどである。

　一方，働く「目的」は人によりさまざまであるが，①生活基盤を支えるため，②自らの存在意義・アイデンティを確立するためなどである。

2）自己管理

　私たちは，社会人としての自覚をもって行動するために，学生と社会人との違いをしっかりと考えるとともに，入社後は，一日も早く社会規範を身につける努力をしたい。

　さらに，目の前にある仕事だけではなく，10年後，20年後，自分がどのような環境で，どのような仕事をしているのかをイメージできるように，人生の節目に「生涯の人生設計（ライフプラン）」と，それを支える「働き方の設計（キャリアプラン）」も併せて考えておきたい。

（時間管理）

仕事には締め切りがある。どの順番で仕事を進めるのかを念頭に，そのためには「何時までに，何をやるのか」を，月単位・週単位・一日単位で計画し，実行しよう

（健康管理）

体調を崩すと，上司や周囲の人，取引先の顧客にも迷惑が及ぶ。食事・睡眠・運動に気を配り，休日には心の充電を図り，心身の健康管理を心がけよう

（情報管理）

情報には，OA機器の操作・自社の会社概要・組織構成・部署の業務内容・同業他社の情報など，多岐にわたる。情報収集とともに，収集した情報を取捨選択し，活用できる能力を磨こう

（目標管理）

日程表・週間予定表・月間予定表・年間予定表のスケジュール管理をもとに，仕事の目標を設定し，常に5W3Hを意識しながら仕事をしよう

● 学生と社会人の主な違いを話し合ってみよう

項目	学生	社会人
時　　間		
行　　動		
お　　金		
評　　価		
人間関係		

3）働く基本

　社会人として働くとき，日常の業務は上司や先輩から口頭，もしくはメール・文書などの情報ツールによって指示を受ける。これらの指示を迅速かつ正確に処理・対応し，進捗状況を確認しながら時として相談をしつつ，終了したときには適切な報告をすることで業務は完了する。

　この一連の流れのなかで，上司と部下の立場と役割をしっかりと認識するとともに，スムーズで質の高い成果を上げるために，日常業務における指示の受け方と報告の仕方を確認する。

◆ 指示の受け方
・呼ばれたら「はい」と返事をし，メモを持って上司の前に行く
・5W3Hに従いメモを取り，質問があれば指示の後で尋ねる
・進め方の時期や方法は，相談をしながら指示を仰ぐ
・復唱し，指示内容の確認をする

◆ 報告の仕方
・仕事を終えたらできる限り早く，指示をした人に報告する
・わかりやすく，事実のみを伝える
・結果を先に，次に経過・理由を述べる
・複雑な内容や，データ・図などは，資料を添える
・必要がある時は，最後に自分の意見や感想を述べる
・長期にわたる時には，途中経過や進捗状況などの中間報告をする

■ 5W3H

When ……… 日時・仕事の期限　　Why ………… 目的・目標
Where …… 場所　　　　　　　　How to do …… 手段・方法
Who ……… 氏名・会社・地位　　How much …… 費用
What ……… 製品・サービス　　　How many …… 数量

4）キャリアデザイン

◆ ワークライフバランス

　仕事は生活を支えるものであるが，同時に日常生活においては，家事・育児，近隣とのつきあいなどの，地域社会における行動も重要である。

　2007（平成19）年，「国民一人ひとりがやりがいや充実感を持ちながら働き，仕事上の責任を果たすとともに，家庭や地域生活などにおいても，子育て期，中高年期といった人生の各段階に応じて多様な生き方が選択・実現できる」ことをめざす，「仕事と生活の調和（ワーク・ライフ・バランス）憲章」が策定された。その内容には，長時間労働の抑制，年次有給休暇の取得促進，さらに，労働者の健康と生活に配慮するとともに，多様な働き方に対応したものへと，働き方を改善することが多く盛り込まれている。

　加えて，令和元年には「働き方改革」が推進され，一層充実したワークライフバランスへの関心が高まってきた。

◆ ライフプランとキャリアプラン

　キャリアデザインとは，長い人生における自分の生き方（ライフプラン）や働き方（キャリアプラン）について計画を立てることである。

　私たちの生活には，仕事を中心とした「ワークキャリア」と，仕事以外の勉強，自己啓発の時間，家族や友人と過ごす時間など，仕事以外の生活である「ライフキャリア」がある。この2つは，仕事を中心にそのときどきの生活状況や家族状況により，それぞれが影響しあいながら人生を形づくっていく考え方である。

　就職・転職・転勤・結婚・介護などの人生の節目ごとに，ワークキャリアから「仕事の目標」を立て，ライフキャリアからは「なりたい自分」をめざして，生涯にわたる自分自身のためのキャリアデザインを見直していきたい。

２．オフィスワークと企業倫理

　個々がオフィスワークを習得し精度を上げることは，単に技能を身につけることだけにとどまらない。企業が利益と事業目的を追求し，経営を存続・発展させるための土台を維持するには，企業レベルの経営においても個人レベルの仕事においても，コミュニケーションと倫理が必要である。この両者が共存することではじめて信用と信頼を得ることができ，その結果として個人の利益，企業の利益，社会の利益が循環する環境が可能となる。

（１）オフィスワークの心得

１）確認と復唱

　指示を正しく聞き，理解し，理解したことを正しく行動できる人には信頼が生れる。確認と復唱は，正しく聞き，正しく理解し，記憶するために必要な手順である。

　　① 日本語を正しく聞き取る → 復唱することによる，聞き間違いの訂正・軽減

　　② 不十分な点の有無を判断する → ５Ｗ３Ｈなど，欠けている点がないかの確認

　　③ 自分自身の理解を定着させる → 声に出すことで，記憶に留めることへの強化

２）報告・連絡・相談

　オフィスワークの場で「ほう・れん・そう」として知られている言葉である。指示を正しく聞き，理解することができても，業務が進むなかで想定外の事態や不明な点が生じることがある。どのような状況においても，速やかに確認し，軌道修正をしながら，迅速に業務を進めなければならない。次は，「ほう・れん・そう」を行うときの対象者である。

　　① 報告 → 指示・依頼を受けた，上司や取引先などの相手に対して

　　② 連絡 → 業務に関わると思われる，必要な関係者に対して

　　③ 相談 → 不明点・助言などを，業務に詳しい上司・先輩・同僚などに対して

　いずれも結論優先，事実優先で伝え，経過や自分の意見などはその後に必要に応じて行う。また，結果や経過が思わしくない場合ほど，速やかに伝える必要がある。通常，報告は業務が終了した時点で行うが，期限・指示の目的などが達成できないことが予測される場合は，経過途中でもできる限り早く行わなければならない。

　なお，時系列上は通常，相談 → 連絡 → 報告の順で行われることが多い。相談できる相手を多くもつことは，業務上のスキルや信頼を得るだけでなく，人脈形成にもつながる。

■ ほうれんそうにはソーセージも添えて

　「報告・連絡・相談」は重要だが，それを「どのように」行うのかも大事である。
心の栄養バランスも加味して，「そう・せい・じ」を活用してみよう。
　　「そう」　早期 → 何はともあれ素早く，迅速な対応！
　　「せい」　正確 → 早くても間違いがないよう，慎重に！
　　「じ」　　時機判断 → 良いタイミングを見計らって！

3）優先順位と振り返り

　一定期間内に達成すべき仕事をタスクと呼ぶ。総務省をはじめとする政策の推進もあり，
企業でも ICT によるクラウド化を伴ったタスク管理の導入が進むなど，社内の部署やメ
ンバー間のスケジュール管理や，ファイル共有が身近なものとなってきた。また，ミスの
ない効率的な業務をめざしてのタスク管理と優先順位の基本については，スティーブン・
R. コヴィーの『7 つの習慣』（キングベアー出版，2005）で有名な，時間管理マトリクス
を活用することができる。

◆ 時間管理マトリクスの考え方を活用した優先順位（図3）

　時間管理マトリクスは，業務や状況を，重要度と緊急度の2つの軸で捉えるものである。
　第Ⅰ領域　緊急かつ重要 → 回避不可領域；危機管理，部署・経験を問わず求められる
　第Ⅱ領域　緊急でないが重要 → 自己投資領域；経営管理，リーダーシップの醸成
　第Ⅲ領域　緊急だが重要でない → 現実対応・対処領域；承認欲求が満たされやすい
　第Ⅳ領域　緊急でなく重要でもない → 見直し領域；できる限り削減をめざしたい
　コヴィーは，第Ⅱ領域を「効果的なパーソナル・マネジメントの鍵を握る領域」と捉え，
4 領域の中で第Ⅱ領域の割合を増やし，コントロールすることが重要であり，成長・成果
の差となるとしている。

◆ 新入社員の考え方

　新入社員は重要度の見極めが困難であるため，まずは緊急度を優先的に身につけながら，
徐々に重要度に時間管理の領域を増やす意識で業務に取り組むとよい。

◆ 振り返り

　仕事を振り返ることは自己管理能力の成長に通じ，優先順位を見直していくためにも必
要である。振り返りによる業務遂行の手法として PDCA が著名だが，迅速な対応が迫ら
れる現代においては，柔軟な目標設定と点検項目，的確なタイミングなどが求められる。

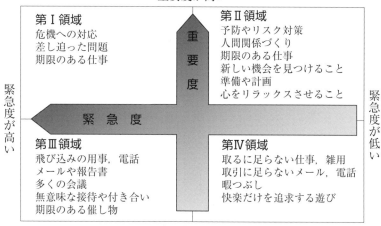

重要度が高い

第Ⅰ領域	第Ⅱ領域
危機への対応 差し迫った問題 期限のある仕事	予防やリスク対策 人間関係づくり 期限のある仕事 新しい機会を見つけること 準備や計画 心をリラックスさせること

重要度

緊急度が高い　緊急度　緊急度が低い

第Ⅲ領域	第Ⅳ領域
飛び込みの用事，電話 メールや報告書 多くの会議 無意味な接待や付き合い 期限のある催し物	取るに足らない仕事，雑用 取引に足らないメール，電話 暇つぶし 快楽だけを追求する遊び

重要度が低い

図３　時間マトリクス図

出典：スティーブン・R・コヴィー著，フランクリン・コヴィー・ジャパン訳『完訳 7つの習慣：人格主義の回復』キングベアー出版，2013，p.200. を一部改変

4）PDCA[4] からFFAへ

　PDCA の C（Check）が過去への振り返りに重点を置きすぎ，迅速な振り返りに対応しにくいことや，C を意識するがゆえに P（Plan）が萎縮することを回避すべく久野和禎[5] が提唱した手法が，FFA（フィードフォワードアクション）プロセスである[6]。PDCA が本質的に「最善の現状」をめざすため「現状維持」に陥りがちであるとするのに対し，FFA は「高いクリエイティビティ」「現状の外のゴール」をめざすことを可能にするために，ゴール設定に「無意識の振り返り」を内包させ，スピード感をもたせていると説いている。

Plan	目標設定と実施計画
Do	業務の実施
Check	業務のチェック 顧客満足のチェック データ分析
Act	経営者への報告と 改善是正処置

図４　JQA（日本品質保証機構）による PDCA 概念図

図５　FFA プロセス

出典：久野和禎『フィードフォワード』フォレスト出版，2018，p.71.

4：1950 年代にエドワーズ・デミング（Edwards Deming）が日本科学技術連盟で行った講演をもとに，同連盟の幹部が提唱したとされている。品質管理システムである ISO（国際標準化機構）の主要概念の１つである

5：久野和禎（ひさのかずよし，1974～），実業家。ゴールドビジョン®，フィードフォワード® 等を提唱している

6：久野は自社ブランドとして「フィードフォワード®」の商標権を得ているが，フィードフォワードという言葉自体は，コンピュータにおける自動制御系の「フィードバック制御」「フィードフォワード制御」等で用いられてきた

（2）企業倫理

　企業の目的は利益追求ではあるが，その活動上で守るべきさまざまな基準を必要とする。コンプライアンス（法令遵守）もその一つであるが，昨今では法的に正しいことだけではなく，自然環境・社会環境・労働環境・人権保護などの道徳的な立場から，企業自らが経営的観点にもとづいて律し，表明することが主流となっている。

　企業倫理には，組織統治のあり方や働き方に対する意識改革も必要であり，その実現には，経営理念をミッションステートメントとして，社内だけでなくステークホルダー[7]をはじめ，社外にも明確に示すことが求められる。また，企業不祥事などへの対応としての消極的な倫理だけではなく，地域との交流・貢献，弱者救済・環境保護・メセナ活動[8]などの積極的な倫理を推進することが，現代の企業のあるべき姿として求められている。

1）コンプライアンス

　コンプライアンスとは，狭義では法令遵守を指すが，広義には社会秩序を乱したり非難されるような行動をとらないことを指す。また，単に法令や社内ルールを遵守すること以外にも，社会のモラルから逸脱しないことも求められる。企業において健全な経営をするための一番大きな枠組みがコーポレートガバナンス（企業統治）であり，ガバナンスを達成するための会社法上の仕組みやルールとして内部統制があり，その重要な柱としてコンプライアンス体制とリスク管理体制が挙げられる。

2）CSR（Corporate Social Responsibility）

　CSR とは，企業の社会的責任を指す。CSR においてコンプライアンスは最重要概念の一つではあるが，CSR ＝コンプライアンスではない。コンプライアンスは会社法上の体制であり，最低限の要素である。それに対し CSR は企業のあるべき姿であり，より広義の視点をもつものである。コンプライアンスが CSR の柱となるのは法的な根拠としてではなく，法令を超えて積極的に社会や地域と関わるための，倫理的な姿勢においてである。企業倫理が企業の視点に立脚するのに対し，CSR は企業自らが社会からの自社への視線を想定しているといえるだろう。また，持続可能な社会づくりのために，組織の社会的責任に関する国際規格のガイドラインとして，ISO26000 がある。

7：企業経営における利害関係者。直接的な株主，経営者，従業員，顧客，取引先等だけでなく，広く金融機関，競合企業，地域社会，行政機関等も含まれる。このなかの株主だけを指す場合，ストックホルダーと呼ぶことがある
8：企業が社会貢献の一環として文化・芸術活動を支援すること。古代ローマで芸術家を庇護したマエケナスに由来

　2024（令和6）年度に紙幣の図柄が一新され，1万円札に「日本の資本主義の父」と呼ばれる実業家渋沢栄一（1840-1931）の肖像が使用されることとなった。

■ CSRの原点は渋沢栄一にあり

　経営学者のP.F.ドラッカー（1909-2005）は，著書『マネジメント』において，「はるか前の時代のリーダーたちのほうが，企業の社会的責任を正面から捉えていた」とし，その先駆者の一人に日本の渋沢の名を挙げ，さらに，『断絶の時代』では，岩崎弥太郎（三菱財閥の創業者）と渋沢栄一を「ロスチャイルド，モルガン，クルップ，ロックフェラーを凌ぐ」実業家として，「彼ら二人ほど大きな存在は他の国にはなかった」と記している。

　渋沢は幕末にフランスで資本主義の仕組みを学び，1869（明治2）年，日本で最初の合本会社（＝現在の株式会社）である「商法会所」を設立し，その後，500に及ぶ企業や，教育・医療・社会福祉施設など600に及ぶ事業の設立・運営に尽力した。特定の一企業のためでなく，本来なら政府がつくるような，金融・交通網・電気・ガス・保険・建築・海運などの産業を，全国規模で興した。

■ 経営者のバイブルとしての『論語と算盤』

　渋沢が終生訴え続けたのは「道徳と経済の合一」である。企業の使命は，自らの利益の追求と，公共の利益の追求とを両立させることであると説いた。たとえるなら，富む者が果実を奪い合うのでなく，誰にでも果実が行き渡るよう，皆が木を植えるような仕組みを整え，国全体が富むことの大切さを説き，実践した。

> 「論語と算盤は，甚だ遠くして甚だ近いものである」
> 　（利益を生もうとするなら，正しく行動し，信頼を得ることが大切である）
> 「真に理財に長ずる人は，よく集むると同時によく散ずるようでなくてはならぬ」
> 　（お金を貯めるだけでなく，正しくよく使うことが皆のためになる）

　このような思想は，晩年の講演集『論語と算盤』にまとめられ，今なお多くの経営者・リーダー・ビジネスパーソンに，企業倫理の書として読まれ続けている。

■ 社会福祉事業家としての渋沢

　渋沢は49歳から91歳で没するまで，困窮した人びとのために医療・職業訓練などを行う慈善施設「東京養育院」の院長も務めた。日本初のチャリティバザーを開催し，売上や寄付金は公債や銀行預金に運用し，東洋一の福祉施設へと育てた。

　経営に利益だけでなく，道徳の修養を推奨した渋沢だが，経営者だけが道徳を究めても企業の不祥事は無くならない。よきビジョンをステークホルダーと共有し，よき顧客をも育てようとする渋沢の経営思想は，正にCSRの原点といえるだろう。

ポイント学習

1．次は，本章で学んだことについて考えたことである。正しいと思われる場合には○を，誤っている場合は，×をつけてみよう。

(1) （　　）経営資源とは，ヒト・モノ・カネ・ナレッジ・株式である。

(2) （　　）職種とは，事務職・販売職・サービス職・専門職など，入社後に担当する仕事の種類のことである。

(3) （　　）目標管理とは，日程表や月間予定表などのスケジュール管理をもとに，仕事の目標を設定し，一つずつすべて指示に従って行動することである。

(4) （　　）ワークライフバランスとは，「仕事と生活の調和」を指し，その内容には，長時間労働の抑制や有給休暇取得促進など，労働者の健康と生活に配慮されているものがある。

(5) （　　）オフィスワークのなかで「報告・連絡・相談」は，速やかに確認し，軌道修正しながら，迅速に業務を進めるための，大切な行動指針である。

2．次の文中の（　　）に言葉を入れ，正しい文を作ってみよう。

(1) 仕事の基本として身につけておくべきことは，（　　　　　）や（　　　　　），職場の（　　　　　）やマナーと，（　　　　　）を良くするための努力である。

(2) 会社には，株式会社・（　　　　　）・（　　　　　）・合同会社がある。

(3) ステークホルダーとは，企業におけるすべての（　　　　　）を指す。

(4) トップマネジメントとは，（　　　　　）層で，経営目標達成のための（　　　　　）を決定する部門である。

(5) 株式会社は，（　　　　　）・取締役会・（　　　　　）という，3つの（　　　　　）によって運営されている。

(6) 事務職とは，（　　　　　）・総務・経理・営業事務など，主に（　　　　　）部門での仕事である。

(7) 5W3Hの中のWhyとは，（　　　　　）や（　　　　　）のことである。

(8) PDCAとは，デミング博士の講演をもとにした（　　　　　）の主要概念である。

(9) CSRとは，企業の（　　　　　）を指す。

(10) 自己管理とは，目標管理・（　　　　　）・時間管理・（　　　　　）をすることである。

第**1**章

第一印象の重要性
—— コミュニケーションの第一歩 ——

　ビジネスでは，第一印象の良し悪しが，その後の仕事に影響するといわれている。それは，個人に対する評価にとどまらず，会社・組織の印象にまでつながることもあり，その人をとおして会社・組織全体が評価されるからである。

　この章では，なぜ第一印象が重要なのかを考え，ビジネスで好印象が得られるように，外見をはじめ，マナー・立ち居振る舞いなどを取り上げる。第一印象の重要性を学ぼう。

1. 第一印象とは

　私たちは，初めて人と会ったとき，短時間のうちにその人がどういう人物であるかの印象をつくってしまう。たとえば，「明るそうな人だ」「しっかりしていそうな人だ」と思ったり，逆に，「冷たそうな人だ」「自信がなさそうな人だ」などと思ったりする。このような第一印象（first impression）には，誰もが共通して感じるものがある。では，私たちは何を手がかりにして，初めて会った人の印象を形成するのだろうか。

（1）第一印象の重要性

　入学試験や就職試験の面接，あるいは，初対面の人と会うときなど，服装・髪型・挨拶の仕方・表情はこれで良いのだろうかと気になったことがあるだろう。それは，相手に良い印象（好印象）をもってもらいたいと思うからである。

　第一印象の形成には，その人についての情報が少ないため，外見が大きな手がかりとなる[9]。心理学での印象形成に関する実証的研究によると，「時間的に最初に与えられた情報（性格特性）が全体印象の形成に大きな影響をもつ」[10]とされている。時間的に後から与えられる情報は，初めに得た第一印象に合うように思い込もうとする傾向が生まれる。これらの研究から，人と人との最初の出会い，つまり，第一印象がいかに重要なことであるかがわかる。

（2）好印象を得るために

　立つ・座る・歩く・おじぎをするなどの動作態度は，表面的には簡単なようにみえる。しかし，実はなかなか難しい。日常の基本動作は，「形」が重視されがちであるが，「形」だけではなく，相手に配慮し，気働きができる内面の豊かさを併せもちたい。洗練された，爽やかな日常動作を身につけることで，好印象へとつながる。

9：第一印象は，体型や顔貌，服装などの外見的特徴から形成され，相手との人間関係が進展するにつれて，外見よりもその人の性格や価値観などの，内面的特性が印象を左右するという

10：初頭効果（primacy effect）。Asch（1946）は，相手の人の性格について，形容詞（知的・勤勉な・衝動的・批判的・ガンコな・嫉妬深い）で紹介し，その順序効果をみた結果，最初の性格の印象が後の形容詞を色づけると報告した

1）基本動作

　背筋が伸びた立ち姿やスムーズな座り方は，好印象へとつながる。次は，良い印象をつくる立ち方・座り方・歩き方の，主なポイントである。

◆ **立ち方**（図1-1）
- ・両足のかかとを揃え，つま先は少し開く
- ・肩の力を抜いて背筋を真っ直ぐに伸ばし，あごを引く
- ・指先を揃えて，男性はスーツの脇線に合わせ，自然に伸ばす。女性は前で軽く重ねる
- ・表情は明るくおだやかにする。視線は優しく，柔らかくし，相手の顔を見る

図1-1　立ち方の基本

◆ **座り方**（図1-2）
- ・席に着くときは原則，左側から入る
- ・背筋を伸ばして静かに座る
- ・女性は，両ひざ頭をつけ，両足を平行に揃える。男性は，ひざの間に握りこぶし一つほどが入る程度に開く
- ・足を組んだり，ブラブラさせたりしない
- ・腰を伸ばす
- ・いすには深くかけず，背中といすの背もたれの間は握りこぶし一つほどあける
- ・女性は手をひざの上で重ね，男性は太ももの上で軽く握る
- ・視線はまっすぐ前方または，相手に向ける
- ・表情はおだやかに，自然な笑顔にする
- ・着席した後は，いすや体を動かさない

図1-2　座り方の基本

◆ 歩き方（図1-3）

・ひざを伸ばして，足の内側に重心をかける

・視線や頭を下向きにせず，前方を見る

・水平に移動させるような気持ちで足を運ぶ

・体が上下，左右にゆれないようにする

・かかとを引きずらないようにする

・内またや外またで歩かないようにする

・手は軽く握るか，軽く伸ばして，自然に振る

図1-3　歩き方

2）おじぎ

　一般に，おじぎには会釈・普通礼（敬礼）・最敬礼の3種類がある。相手との関係や状況によって，3種類のおじぎを使い分ける（図1-4）。

　良くない印象のおじぎには，ほかの動作をしながらのおじぎ（「ながらおじぎ」），首だけ上下に何度も振るおじぎ（「ぺこぺこおじぎ」），背中が丸くなっているおじぎ，手足がぶらぶらしているおじぎなどがある。TPO[11]にあった好印象のおじぎを習得しよう。

会釈	普通礼（敬礼）	最敬礼
・腰から上体を15°程度に曲げる ・指先を揃えてスカートやスーツの脇線に合わせ，自然に伸ばす（通常），指先を揃えて両手を前で重ねる ・「失礼いたします」「おはようございます」などと述べてから頭を下げる ・同僚や来客とすれ違うとき，人前を通るとき，上司との挨拶や返事をするときなどに行う	・腰から上体を30°程度に曲げる ・指先を揃えて男性はスーツの脇線に合わせ，自然に伸ばす（通常），女性は指先を揃えて両手を前で重ねる ・「おはようございます」「いらっしゃいませ」などと述べてから頭を下げ，2秒程度してから頭を上げる ・上司と接するとき，来客の送迎，他社訪問でお礼の言葉を述べるときなどに行う	・腰から上体を45°程度に曲げる ・手指は普通礼（敬礼）と同じでよい ・「申し訳ございませんでした」「ありがとうございました」などの言葉を述べてから頭を下げ，2秒程度してから頭を上げる ・深い感謝の気持ちを表すとき，詫びるとき，重要な人物を迎えるとき，冠婚葬祭などのときに行う

図1-4　おじぎの使い分け

11：TPOとは，時（time）・場所（place）・場合（occasion）の略で，必要に応じて服装や行為・言葉などを使い分ける必要があるという考え方

（3）第一印象は「声」も大切

　第一印象は，おじぎや身だしなみなどの形や動作の視覚情報だけではなく，「おはようございます」「ありがとうございます」などの聴覚から入る「声」，つまり，第一声も印象形成に影響する。

　たとえば，就職試験で面接室に入るとしよう。あなたの前には見ず知らずの人事担当者がいる。あなたは緊張状態で，ドアをノックして「失礼いたします」と言い，ドアを開けて入室する。この「失礼いたします」の第一声が，人事担当者のあなたに対する最初の印象になる。元気で張りのある声ならば「しっかりとしている人」と感じ，弱々しく語尾も聞き取れないような声であれば「自信がなさそうな人」と担当者は思うだろう。

　元気ではきはきとした受け答えをし，そのうえ，おじぎや服装などのビジネスマナーも心得ているとなれば，好印象の評価が得られるだろう。

（4）挨拶の言葉

　挨拶は人間関係の基本である。「挨」「拶」は，「押す」「迫る」という意味をもっている。挨拶の言葉をかけたり，あるいは，かけられたりしたら，相手に対して心を開いて，明るい声をかけるようにしよう。また，挨拶だけでなく，何か頼まれたり，尋ねられたときは，「はい」と，さわやかな返事を心がけたい。

　「すみません」の言葉には，礼を言うとき・依頼をするとき・謝るときなど，場面によって相手に伝わる意味が違ってくる。ビジネスシーンでは，「ありがとうございます」「感謝申し上げます」「申し訳ございません」のように適切な言葉におきかえて表現しよう。

（5）表情と気持ち

「目は口ほどに物を言う」ということわざがあるように，言葉に出さなくても，目の表情で相手に伝わることも多い。丁寧なおじぎをして「ありがとうございました」と言ったとしよう。おじぎの仕方は完璧であっても，口元が笑っていて目がこわばっていては，相手から好印象を得るのは難しい。子どもの笑顔や好きなものを目の前にしているとき，あなたの目はキラキラと光り，自然と笑顔が出てくるだろう。「口元も笑って，目も笑う」ようにするには，表情と気持ちを連動させることが大切である。

　自然な表情，特に「笑顔」をつくるためには，笑顔を「数値化」できるアプリを活用し，鏡を見ながら口角や眉を上げるなど，表情筋のストレッチが有効である。そしてなによりも，日頃から意識的に表情を豊かにするように心がけたい。

■ 素敵な「笑顔」をめざそう

　鏡を見て笑顔の練習もよいが，モバイル端末とアプリケーションソフトを使って，手軽に素敵な「笑顔」を演出することができる。

　企業や学校で「笑顔講座」を行っている資生堂は，2018年1月からタブレット端末のカメラ機能で笑顔を撮影・認証する「笑顔アプリ」と「笑顔講座」を連動させた「スマイルプログラム」を導入している。「笑顔アプリ」は「笑顔」の数値化，印象評定，それらを記録することで，他人に与える自分自身の笑顔の印象を客観的に分析することができる。

　自分の「笑顔」を客観的に見て，素敵な「笑顔」をめざそう。

（6）身だしなみの基本

　男性の場合，スーツが社会人としての基本の服装となる。女性の場合は，制服以外に標準の服装がなく，個人の常識によるところが多い。それだけに，ジーンズや，派手すぎたり露出が高すぎる服装などは避け，相手に不快感を与えないように気をつけたい。

　また，清潔感を保つために，服装・靴などの日々の手入れや，髪型・爪にも注意が必要である。特に女性の場合，化粧はナチュラルメイクにとどめ，周囲との調和を考えることが大切である。また，目元や口元のインパクトの強い化粧はプライベート用にするなど，公私の区別をつけ，ビジネスの場ではあくまでも清潔・上品・機能的を優先する。

◆ 身だしなみ

- 男性の場合，基本はスーツとなる。女性の場合は，パンツよりスカートがフォーマルとされているが，状況に合わせて選ぶとよい
- 髪形は，清潔さが感じられるように，前髪が顔にかからず，目が隠れないようにする。男性の場合，えり足を伸ばしすぎないように気をつける。また，業務に邪魔にならない適切なスタイルにする
- 髪の色は黒が基本であるが，少し明るい色も許容されている。職種によって色は異なるが，いずれにしても明るすぎる色は避けるほうがよい

図1-5　身だしなみ

- 爪はあまり長くせず，マニキュアはナチュラルかベージュが好ましい。男女を問わず爪の手入れを忘れないようにする
- 女性の場合，ストッキングは自然な肌色で，伝線に注意する。
  男性は，足首の出ないソックスで黒系統とし，白色やキャラクターものは避ける
- 靴は女性の場合，足先の出ないものがビジネス向きである。色はプレーンな黒で，ヒールは3～5cmがよい。ブーツやミュール・サンダルは避ける
  男性の場合，黒革で紐靴が最もフォーマルとなる。こげ茶系の紐靴がこれに続く
- 足・靴・衣類・体臭・口臭・香水などの臭いにも気をつける

第1章のポイント学習

1. 次は，好印象を得るためのポイントである。間違っている箇所に下線を引き，正しく
　 書き直してみよう。
　 (1) 疲れているときも，笑顔で「おはようございます」と元気な挨拶をする。
　 (2) 上司から頼まれたときは「うん」と返事をする。
　 (3) 化粧は控えめにするようにと先輩から注意を受けたので，ノーメイクで出社した。
　 (4) 「いらっしゃいませ」と挨拶をしてから，おじぎをした。
　 (5) 立ち姿は背筋を伸ばし，両手は背中で組む。
　 (6) エレベーターで先輩とすれ違ったとき，微笑みながら手を振る。
　 (7) 初対面で相手に好印象をもってもらうには，挨拶の仕方や正しい敬語表現の「形」
　　　 を重視したほうがよい。
　 (8) 上司と廊下ですれ違ったとき，「取引先 A 社の鈴木さんに来週の打ち合わせの件で
　　　 電話を入れてもらいたい」と呼び止められた。歩きながら「承知いたしました」と
　　　 答えた。

2. 次の場合，3種類のおじぎのなかでどれが適切なのかを考え，記入してみよう。
　 (1) お客さまを出迎えたとき（　　　　　　）
　 (2) 同僚との朝の挨拶（　　　　　　）
　 (3) 心から相手に感謝を伝えるとき（　　　　　　）
　 (4) 廊下でお客さまとすれ違ったとき（　　　　　　）
　 (5) 他社を訪問したときの，受付での挨拶（　　　　　　）
　 (6) お世話になった気持ちを，心をこめて伝えるとき（　　　　　　）
　 (7) 他部署の上司の前を通り過ぎるとき（　　　　　　）
　 (8) こちらのミスで相手に迷惑をかけたとき（　　　　　　）
　 (9) 新しい上司とはじめて会ったとき（　　　　　　）
　 (10) 他社を訪問したときの，面談相手との挨拶（　　　　　　）

第**2**章

話し方

── 知っておきたい自己表現の方法 ──

　　ビジネスにおける話し方は良好な人間関係を築いていくことにつながり，社会人として重要なスキルのひとつである。この章では，対人コミュニケーションの基本を理解したうえで，特に，話し方（言語表現）について詳しく学んでいく。

　　前章で学んだ第一印象をさらに深めていくのが「言葉遣い」である。相手に気をつかうことを「気遣い」というように，言葉遣いとは，言葉に気をつかうことである。「相手を高め」「品位を保って」話すことや，「わかりやすく」「正確に」話すことも，ビジネスでは求められている。また，敬語表現の知識と活用方法についての理解を深め，マナーを心得たコミュニケーションができるように，敬語のスキルも習得していこう。

1. 感じの良い話し方

　ビジネス社会では，さまざまな年代・地位・役割の人たちが仕事に携わっているため，それらの人たちと，日々，コミュニケーションをとりながら仕事をしなければならない。ときとして第一印象が良くても，話してみるとイメージが悪くなる場合もある。

　「あの人は感じの良い話し方だ」「あの人の話はわかりやすい」と言われるような話し方を身につけるには，どのようなことを心がければいいのかを学んでいこう。

（1）言葉で伝える表現（バーバルコミュニケーション）

　人と人とのコミュニケーションでは，自分の考えていることをメッセージとして伝達するのであるが，そのなかで言葉（言語）で伝えるコミュニケーションのことを，「言語（バーバル）コミュニケーション（verbal communication）」という。また，日本語には，敬語や日本語特有の表現があり，それらについては，次の項で詳しく説明していく。

　私たちが「話し言葉」で話すときには「声」という音を用いるため，「言葉」の周りには「音」が付随している。話し言葉に音声上の特徴が加味されることによって，「言葉」だけでは伝えきれないものに音声が手助けをして，伝達機能が力を増してくる。たとえば，「誠に申し訳ございません」と敬語表現を用いても，一本調子で話しては，申し訳ないという気持ちが相手には伝わらない。声の高低・強弱に気をつけながら抑揚をつけ，話す速度にも注意を払い，「申し訳ない」の部分にアクセントを置きながら話すのが望ましい。このように言葉に表情をつけるような気持ちで話すことが大切なのである。

Let's Try **1**

● 基本的な表現を習得し，声に表情をつけて練習しよう

　挨拶 ⇒ おはようございます / 失礼いたします
　依頼 ⇒ よろしくお願いいたします
　感謝 ⇒ ありがとうございます / おそれいります
　承諾 ⇒ かしこまりました / 承知いたしました
　お詫び ⇒ 申し訳ございません / まことに申し訳ございません
　退社 ⇒ お先に失礼いたします

（2）言葉以外のコミュニケーション（ノンバーバルコミュニケーション）

　言葉以外のコミュニケーションをすべて「非言語（ノンバーバル）コミュニケーション（nonverbal communication）」という。大別すると，以下の5つに分けられる。

① 周辺言語（パラ・ランゲージ）……声の高低・速度・アクセント，タイミングなど
② 身体言語（ボディ・ランゲージ）……視線，表情，姿勢，ジェスチャーなど
③ 空間の行動……対人距離・位置など
④ 人工物……服装，髪型，眼鏡，化粧，アクセサリーなど
⑤ 物理的環境……室内装飾，照明，温度，騒音，音楽など

　ここでは，感じの良い話し方に必要となる①から③について説明する。

1）周辺言語（パラ・ランゲージ）

　周辺言語（パラ・ランゲージ，paralanguage）とは，話し言葉に加わる音声上の特徴である。声の高低・強弱，話す速度，アクセント（方言，若者言葉），声の質（明るい声・暗い声・かすれ声），語調（抑揚・リズム）などが挙げられる。同じ内容の話を伝えたとしても，言葉を伝える音声の違いによって，相手の受けとめ方が変わってくる。また，話と話の間に入れる間の取り方（ポーズ）や，話をするタイミングなども，周辺言語の大切な要素となっている。

2）身体言語（視線，表情，姿勢，動作）

　身体言語のなかでは，視線，表情，姿勢，動作（ジェスチャー・しぐさ）が，大きな影響力をもっている。

　アイコンタクトをとることは，相手への注目や好意を表現する際に欠かせないものだが，使い方によっては誤解を招くことがある。しかし反対に，相手から視線をそらしたり，横目づかいや上目づかい，相手を見下ろしたりすると，疑心・自信の無さ・横柄などと受け止められてしまう。

　また，「表情」のなかで，「笑顔」は相手への好意を生み出し，にこやかな笑顔は誠実さや温かい人柄というメッセージも発信する。対人関係における行動には，「近づくと遠ざかる」「受け入れると拒む」「なごむとこわばる」という，3つの基本軸がある。笑顔には，この3つの基本軸すべてをプラスへ導く働きがある。

　一方，「姿勢」には，身体の向きが「正面」か「斜め」か，身体の傾斜が前に傾いている「前傾」と，後ろに反り返っている「後傾」とに分けられる。相手に身体の「正面」を

向ければ誠実・正直という印象を与え，身体を「斜め」に向けるとその反対の印象を与える。また，前傾の姿勢は，相手に対して「謙虚さ」「好意的」というメッセージを発信する。

　ジェスチャーやしぐさなどの「動作」は，話の内容を補い，会話を豊かにする非言語コミュニケーションとして重要な役割を果たす。しかし，マイナスイメージを与える動作もあるので注意しなければならない。「腕組み」や「足組み」は相手との障害物となり，「指し示す指」も人差し指を使うと命令的に見える。指し示す場合は，5本指を揃え手の平を相手に向けると丁寧に見える。そのほか，ネクタイや洋服をさわる，ポケットに手を入れたまま話す，顔や髪を触るなど，自分の癖を認識することも大切である。

3）空間行動（対人距離・位置）

　空間行動における「対人距離」や「位置」も，話すときの大切な要素となる。対人距離とは，相手との関係や状況に応じて距離をとることである。これは相手との関係によって異なるが，一般的には次のように分けられている。

表2-1　距離帯（ゾーン）

「密接距離」 （0～45cm）	恋人同士や母親と小さな子どもなど特別な関係にある，きわめて親しい人同士で許される距離。通常は入り込んではいけない距離
「個体距離」 （45～120cm）	小声で話をしたり，手を伸ばせば相手に触れることのできる距離。もっと親しくなりたいと思う人に対してこの距離で話すと効果的である
「社会距離」 （120～360cm）	仕事上のつきあいやそれほど親しくない人同士で使われる距離。儀礼的なやりとりをするときに使う
「公衆距離」 （360～750cm）	個人的な関係をつくることが難しい，ほとんど無関係の距離

出典：Hall. E. T. *The hidden dimension*. New York :Doubleday. 1963, pp.116-125.

■ メラビアン（マレービアン）の法則

　メラビアン（A.Mehrabian）（1986）は，対人コミュニケーションの非言語に関する実験のなかで感情についてのメッセージ効力を，次の公式で表現できるとしている。

感情の総計＝言葉による感情表現＋声による感情表現＋顔による感情表現
100 %　　　　　　7 %　　　　　　38 %　　　　　　55 %

2. 敬　語

日本語には，上下関係や相手との人間関係を表現するものとして「敬語」が存在する。敬語は「相手への敬意を表す言葉」として重要なものである。社会人の必須スキルとして正しい敬語を身につけよう。

（1）敬語の5分類

敬語は，人と人との「相互尊重」の気持ちを基盤として考えられている。自分と話し相手や周囲の人との関係を表現するものである。

次の表は，文化審議会から発表された「敬語の指針」である。かつては3種類に分類されていたが，それをさらに細かく分けて5分類となった。

表2-2　敬語の種類

5分類		例
尊敬語	相手側または第三者の行為・ものごと・状態などについて，その人を立てて述べるもの	おいでになる おっしゃる
謙譲語Ⅰ	相手を立てるために，自分側の行為・ものごと・状態などを低めて述べるもの	伺う 申し上げる
謙譲語Ⅱ （丁重語）	立てる対象がなくても，自分の行為・ものごとを謙虚に述べるもの	参る，申す， いたす，おる
丁寧語	相手に対して丁寧に述べるもの	です，ございます
美化語	ものごとを美化して述べるもの	お食事，お祝い

（2）尊敬語

尊敬語とは，話し相手も含め，会話の話題になっている人物の行為・ものごと・状態を高めるためのもので，目上の人に対する敬意を表す。基本的に，社外の人には尊敬語を使い，社内では，誰と誰のことを話しているのかを常に意識しながら尊敬語を用いる。次のページの図2-1では，自分が階段の一番下の段にいると考え，相手との距離（会社では役職）によって，使う敬語が変わることを確認したい。

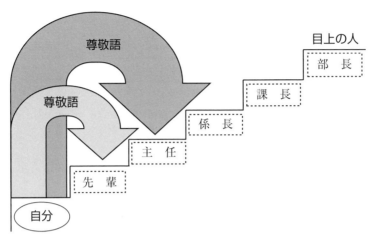

図2-1　階段式　尊敬語の考え方

　また，敬意の高い表現と低い表現があるため，敬意の度合いを使いこなすことで，適切な人間関係を保つことができる（表2-3）。

表2-3　尊敬語の度合い例

敬意の度合いが高い （立場の差が大きい）	お（ご）〜になる	（社内で部長が社長のことを言う） 　　　　社長がおいでになりました （社外の人に尋ねる） 　　　　○○社長はご出席になりますか？ （上司の家族に上司のことを言う） 　　　　部長はお出かけになりました
敬意の度合いが低い （立場の差が小さい）	れる，られる	先輩が来られました 課長が言われたように〜
相手から恩恵を 受けるとき	お（ご）〜くださる	こちらは，部長がお持ちくださった品です
相手の所属するもの	お（ご）をつける	お名刺，お荷物，お名前，お宅
相手の状態にかかわ ること	お（ご）をつける	お優しい，ご立派，お疲れさま

（3） 謙譲語Ⅰ・謙譲語Ⅱ

　謙譲語とは，話し手自身や話し手側に属する人物を低めることによって，話し手自身をへりくだらせて相手を高めるための言葉遣いである。次のように，謙譲語Ⅰと謙譲語Ⅱがあるので，違いを確認しながら学びたいものである。

1）謙譲語Ⅰ

　自分から相手，あるいは，第三者に向かう行為・ものごと・状態などについて，向う側の人を立てて使う言葉である。自分や自分側の位置を低くする（へりくだる）ことで，相手を高める表現である。

◆ 自分の行為に対して使う

　　例：「お（ご）〜する」　私がご案内します

◆ 自分の行為に対して使う敬意の度合いの高い

　　例：「お（ご）〜いたす」　私がご案内いたします

◆ 自分の行為に対して使う敬意の度合いの最も高い

　　例：「お（ご）〜申し上げる」　私がご案内申し上げます

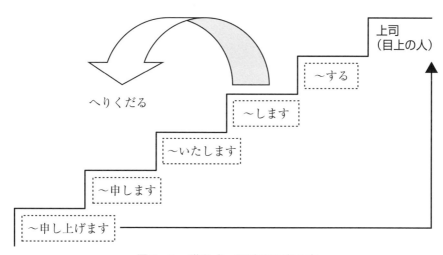

図2-2　階段式　謙譲語の考え方
出典：西尾宣明編著『新版日本語表現法』樹村房，2013，p.44.

図2-2は，自分の位置を低くする（へりくだる）度合いを示したものである。たとえば，「私がコピーをする」→「私がコピーをします」→「私がコピーをいたします」，あるいは，「お願いします」→「お願いいたします」→「お願い申します」→「お願い申し上げます」というように，へりくだる度合いが高くなるほど，階段を下がることになり，下がるほど上司との距離ができ，自分がへりくだることで相手をより高めることになる。
　また，「謙譲語Ⅰ」には，次のような使い方もある。

表2-4　謙譲語Ⅰの度合い例

上位者に対し謙譲の気持ちを表す言い方	「お（ご）〜いただく」	ご案内いただく ご支援いただく
「〜ていただく」よりも控えめな感じの言い方	「〜させていただく」	報告させていただきます
「お〜いただく」と同種	「お（ご）〜ねがう」	ご協力ねがいます
柔らかい表現 （「〜てやる」の謙譲形）	「〜てさしあげる／〜てあげる」 「お（ご）〜する」	代わってさしあげましょう 代わってあげる
謙譲の意味を含んだ言葉		私が伺います，お目にかかる，承る，お願い申し上げる
相手にかかる行為について	「お（ご）」をつける	（上司へ）ご報告，ご相談，（お客さまへ）ご説明，ご返事

＊文化庁では，「させていただく」は「いたす」でよいと示しているが，ビジネス社会では控え目な気持ちが込められるので，よく使われる。

2）謙譲語Ⅱ

　「謙譲語Ⅱ」は，自分の行為やものごとに関して，丁重に表現するものである。

◆　「〜いたす」「〜参る」「〜申す」
　　例：「とりまとめは，私がいたします」「昨日，京都に参りましたら……」「そのことを家族に申しました」

◆　自分に関するものや行為に，「小」「粗」「拙」「弊」「当」「寸」「拝」「薄」「愚」などの接頭語を付けて丁重に言うことがある。多くは書き言葉に用いられる。
　　例：小生，粗品，拙宅，弊社，当方，寸志，拝察，薄謝，愚息

表2-5　尊敬語と謙譲語の基本

基本語	尊敬語（です・ます体）	謙譲語Ⅰ（です・ます体）
行く	お出でになります，いらっしゃいます，行かれます	伺います，参ります
来る	お出でになります，お越しになります，お見えになります，いらっしゃいます，みえます，来られます	参ります
いる	いらっしゃいます	おります
する	なさいます，されます	いたします
言う	おっしゃいます，言われます	申します
聞く	お聞きになります，聞かれます	拝聴します，お聞きします，伺います
見る	ご覧になります，見られます	拝見します
読む	お読みになります，読まれます	拝読します，お読みします
食べる	召し上がります	いただきます

表2-6　相手側と自分側の言い方

	相手側	自分側		相手側	自分側
会社	貴社，御社	私ども，当社 弊社，小社	夫	ご主人様	夫，主人
呼称	お客さま，○○様	私，私ども	妻	奥様，ご令室様	妻，家内
物品	お品物，お茶	粗品，粗茶	両親	ご両親様	両親，父母
考え	ご意見，ご意向	考え，私見	男児	ご子息	息子
著書	ご著書	拙著	女児	ご息女，お嬢様	娘
おじ	伯父様（親の兄） 叔父様（親の弟）	伯父 叔父	おば	伯母様（親の姉） 叔母様（親の妹）	伯母 叔母
住居	お宅	拙宅，自宅	家族	皆様，ご一同様	家族一同

（4）敬語の誤用表現

　次に，ビジネス社会で頻繁に用いられている誤った表現の例をあげる。ただ，言葉は人間関係の懸け橋となるため，相手が多少の誤用表現をした場合でも，それを指摘するような行為は慎みたいものである。

１）二重敬語

　「敬語は過剰敬語を避け，ひとつの文節に一度だけ用いる」という約束がある。ひとつの文節に敬語を２回用いたものを二重敬語という。しかし，「〜てくださる」の場合だけ，ほかの敬語形式と共に用いてもよいことになっている。また，尊敬語では，「お召し上がりになる」，謙譲語では，「お伺いいたす」「お伺い申し上げる」のように，ビジネス社会では習慣として定着しているものは許容されている。

Let's Try 2

● 二重敬語を正しく言い直してみよう

① 先日，お客さまがおっしゃられましたように

（　　　　　　　　　　　　　　　　　　　　　　　　　　　　　　　）

② お茶を召し上がられましたか？

（　　　　　　　　　　　　　　　　　　　　　　　　　　　　　　　）

③ お客さまがおいでになられました

（　　　　　　　　　　　　　　　　　　　　　　　　　　　　　　　）

④ こちらのカタログをご覧になられてください

（　　　　　　　　　　　　　　　　　　　　　　　　　　　　　　　）

⑤ 会議に出席なされますか？

（　　　　　　　　　　　　　　　　　　　　　　　　　　　　　　　）

2）尊敬語と謙譲語の混同

　尊敬語と謙譲語を混ぜ合わせて用いるということは，自分と相手との関係がわかっていないもの，敬語をまったく理解していないものと捉えられる。そうならないために，次のような表現はさけるように注意しなくてはならない。

表2-7　尊敬語と謙譲語の混同した例

混同した間違った表現	正しい表現
この件に関しましては，存じ上げていらっしゃるかと思います。	〜ご存じかと〜
明日は，本社へ参られますか？	〜いらっしゃいますか？
本日，伺われた支店の雰囲気はいかがでしたか？	いらっしゃった支店の〜 行かれた支店の〜
お客さまが申されましたように手続きをいたしました。	おっしゃったように〜 言われたように手続きを〜
出張旅費は，もういただかれましたか？	受け取られましたか？
祝賀会にお招きしていただきまして，ありがとうございます。	お招きいただきまして，〜
そちらの席で少々お待ちしてください。	〜お待ちになってください 〜お待ちください

　一方，自分と相手との位置関係を考えずに尊敬語と謙譲語の用い方を間違えた例もある。商談中に新入社員のA君は，精一杯の敬語を用い，「先日，貴社の係長が申し上げられたのですが〜」と話したところ，場はしらけてしまった。取引会社の係長に対しては尊敬語を用いなくてはならないので，「先日，貴社の係長がおっしゃったのですが〜」と話さなければならない。

　続けてA君は，「わが社の田中課長がおっしゃっていたことですが〜」と現在の仕事内容を話し始めたが，田中課長は怖い顔をしてA君をにらんでいる。自分の会社のことは，「弊社，私ども」を用い，謙譲語で表現しなければならない。「弊社の課長の田中が申していたことですが〜」というように，会話の主体は誰なのか，どのような状況で話しているかを判断しながら敬語を用いるようにしなければならない。

3．言葉遣い

　「心遣い」が他人に対する心配りであるように，「言葉遣い」は他人に気づかいながら言葉を用いて自分の思いを伝えるのである。ビジネス社会では，年代・地位・役割などの異なる人たちが仕事に携わっているが，どのような立場の人にも，自分の意思を言葉に託して相手に伝えなければならない。上下関係によって表現方法が変わることは敬語の項で学んだが，それ以外に日本の文化が継承してきた日本人特有の言語表現も存在する。日本語特有の表現や，日本のビジネス社会で用いられている言葉遣いを身につけていきたいものである。

（1）日本語特有の表現

　日本語には，敬語以外に，言語文化として継承してきたものがある。一般的にクッション言葉やマジックフレーズといわれているが，これらは「相手の気持ちを和らげる表現，相手との距離を縮める表現」である。特に仕事の場面では，次のような言葉を添えてから内容を話す場合が多い。

表2-8　クッション言葉，マジックフレーズ

質問，尋ねる時	失礼ですが，お差し支えなければ，おそれいりますが
依頼，お願いする時	お手数ですが，ご面倒ですが，おそれいりますが，恐縮ですが
確認，許可を求める時	失礼ですが，もしよろしければ，お差し支えなければ
断る時	申し訳ございませんが，せっかくですが，あいにくですが，誠に勝手ですが

　また，反対意見を先に言わないのも，日本人の表現方法の特徴である。英語では「私は反対だ」という結論が先になるが，日本語の構文では主語と述語の間に修飾語が入るため，「私は〜という理由から反対です」と，必然的に結果が後回しになる。特に，反対意見を述べる場合には，相手の意見を尊重したうえで自分の意見を控え目に述べるのが，日本人の特性と考えられている。

（2）依頼のときに用いる表現

　依頼の際には，「お手数ですが」「ご面倒ですが」「おそれいりますが」という表現を添える方法だけでなく，次のような表現も身につけたいものである。

　　　例：「少々，お待ちいただけますでしょうか？」

　　　　　「少々，お待ちいただけませんでしょうか？」

　「いただけますでしょうか」「いただけませんでしょうか」と，疑問形にすることによって，相手の意見を優先する姿勢や，相手に選んでもらう姿勢を表す。「少々お待ちください」という表現だけでなく，「お待ちいただけます（せん）でしょうか」と，疑問の形で依頼する表現も覚えておきたいものである。

（3）断わるときに用いる表現

　ビジネス社会では，相手に断わらなければならない場面が生じる。「できません」「応じられません」という否定の形で断るよりも，「いたしかねます」「応じかねます」と，婉曲に表現することによって，否定的なイメージがやわらぐのである。

　　　例：「私どもとしましては，お引き受けいたしかねます」

　　　　　「誠に申し訳ございませんが，ご注文には応じかねます」

　さらに，「申し訳ございませんが」などの表現を添えると，「遠回しに断わらねばならなかったのだな」と，相手が納得せざるをえない表現へと変化するのである。

（4）若者言葉

　若者が日常的に用いている言葉は，ビジネス社会では通用しないものがある。これらはアルバイトをしている若者から発生したといわれている言葉で，たとえば，「千円からお預かりします」や，「こちらカレーライスになります」という用い方などで，問題視されている。正しい言葉遣いを学び，身につけたいものである。

4．ビジネスにおける表現

　職場には多種多様な業務があり，そのような環境のなかで多くの人が協力し，連携しながら仕事を進めている。このことにより関係者が常に情報を共有し，効率的に仕事を進め，失敗なども未然に防ぐことができる。仕事の内容を共有するために連絡を取り合い，わからないときには相談し，任された仕事の終わりに報告を行う，「報告・連絡・相談」についてはすでに述べたが，それを実行するときに，限られた時間のなかで相手が理解しやすいように，「わかりやすく話すこと」は重要である。

（1）わかりやすく話すには

　わかりやすく話すには，話す前に「相手が一番聞きたいことは何か」を整理することが最も大切である。「一番に話すべきことは何か」「今から何を話そうとしているのか」という目的を常に念頭におき，話す内容を明確にして，話の手順を組み立てることが肝要である。

1）「全体像」から「部分」へ
　まず最初に，「全体像」として概要（今から話す全体的なイメージ）を話すことにより，自分が話そうとする内容を聞き手がイメージし，予備知識をもつことができるようにする。概要を話すことで，聞き手は，後に続く「部分」の報告が理解しやすくなるのである。

2）「部分」には「区切りの言葉」を
　「全体像」を述べてから「部分」の細かい内容に入るが，「部分」を説明するときには，必ず「区切りの言葉」をつける。「ここから話が変わりますよ」「以下のような話になりますよ」ということを，「まず」「次に」「最後に」や，「1件目は」「2件目は」「3件目は」などの言葉を使い，聞き手に次の話題に移ることを予告してから，それぞれの部分を説明する。

3）「結論が先，理由・経過は後から」
　これは，新入社員がよく注意される話し方の手順である。「結論」というのは，「聞き手が最も聞きたいこと」であり，結論を最初に話して，その後，結論に至った理由や経過を話すのである。たとえば，取引先へ営業に行った後の報告を上司にする場合，上司が最も

聞きたいことは営業結果である。それに応えるために，まず「結論」である営業結果を報告することが求められる。営業結果という結論を話した後で，そこに至るまでの理由や経過を説明するという手順である。

　なお，中間報告の際には，結果を伝えた後で，担当者としての今後の見解や見通しを言い添えておくことも必要である。

4）「事実」と「意見」や「感想」は区別する

　話す際に，自分が感じ取った意見や感想を混同して話すと，後で誤解を生じる可能性があるので注意しなければならない。ビジネスでの話し方では，事実と意見・感想は，切り離して話すことが大切である。

5）メモや補助資料を用意する

　話し言葉は「音声」が仲立ちとなって伝えるため，複雑な内容を話す場合には口頭だけでなく，メモが用意されていると，よりわかりやすいものになる。内容によっては，数値化されたものを確認できるメモや一覧表などを使うと，相手が理解しやすくなる。

（2）ビジネス現場での表現

　ビジネスの現場で，慣用的に用いられている接遇表現がある。次は代表的なものである。

表2-9　ビジネス現場での表現

通常の表現	ビジネス現場での慣用表現
今，いません	ただいま席を外しております
そうです	さようでございます
ありません	ございません
わかりました	かしこまりました。承知しました
すみませんが	申し訳ございませんが
見せてもらいます	拝見いたします
（本やカタログ等の完成品を）見てください	ご覧ください
（自分の書いた原稿などを）見てください	お目通しください
どうしましょうか？	いかがいたしましょうか？
私にはわかりません	私にはわかりかねます

第2章のポイント学習

次の文が正しい場合は○を，誤っている場合は×をつけて書き直してみよう。

(1) （　　）〈伝言を切り出す時〉課長の鈴木から承って参りました。

(2) （　　）〈上司の伝言を取引先に伝える時〉明日，お伺いしたいとおっしゃっています。

(3) （　　）〈クレームをつける時〉ご配慮のほどお願い申し上げます。

(4) （　　）〈お願いする時〉恐縮ですが，わが社にお任せください。

(5) （　　）〈確認する時〉さっきの資料は見てもらえましたでしょうか。

(6) （　　）〈スケジュールを聞く時〉明日の午後は，社においでになられますか。

(7) （　　）〈席をはずす時〉すみませんが，ちょっと失礼します。

(8) （　　）〈お礼を述べる時〉お招きしていただき，ありがとうございました。

(9) （　　）〈招かれた時〉喜んで，お邪魔させていただきます。

(10) （　　）〈挨拶をする時〉お子様は，お元気でございますか。

(11) （　　）〈商品を売り込む時〉是非，わが社の新製品をお見せしたいのですが。

(12) （　　）〈疑問点を聞き出す時〉只今の説明でおわかりになりましたか。

(13) （　　）〈上司に招待客のことを伝える時〉D社の中村様もお見えになられています。

(14) （　　）〈挨拶を頼む時〉鈴木様からひと言ちょうだいしたいと存じます。

(15) （　　）〈即答を避ける時〉お話は承っておきますが……。

(16) （　　）〈断る時〉わが社としましては，ご注文には応じられません。

(17) （　　）〈相談をもちかける時〉存じ上げていらっしゃるかと思いますが……。

(18) （　　）〈助力を頼む時〉お力になってくれませんでしょうか。

(19) （　　）〈名前を確認する時〉山田様でございますね。

(20) （　　）〈上司に取り次ぐ時〉山田様と申される方からお電話です。

第**3**章

電話応対

—— 信頼を得る電話のマナー ——

　ビジネスの現場はスピード化している。そのなかで電話は電子メールとともに，今までよりもさらに重要度が高まっているコミュニケーション手段である。

　顔を合わせて話す場合と違い，電話は音声のみが頼りである。電話応対で相手に明るくハキハキと情報を正確に伝え，好感を与えることができれば，信頼の獲得や企業のイメージアップにもつながるなどビジネスで有利となる。自信をもって電話応対ができるように，ビジネス電話の基本を身につけよう。

1．電話応対の基本

電話は声のコミュニケーションである。感情やニュアンスが伝わりやすく情報伝達にタイムラグがないが，相手が電話を受けられる状態でなければ通話ができない。これらの特徴を理解したうえで使うことが大切である。

（1）電話の特徴

1）即時性

電話は仕事中の相手に即時にアクセスすることが可能である。肉声によって微妙なニュアンスを含められる電話は，回答の緊急性などを伝える場合に，メールよりも有効であることも多い。このように，用件の緊急度や内容，連絡をとる者同士の立場などにより，電話を用いるかどうかを判断する必要がある。

2）公共性とコスト

公共性とは，相手方の限られた電話回線を占有するということである。通話中はほかからの電話が着信できないおそれがある。コストとは，通話時間と通話料金がかかるということである。迅速・簡潔に要領よく話すことが求められる。

3）一方的

相手がどのような状況にあるのか，かけ手にはわからない。いいかえると，電話は一方的な性質をもち，時として相手の大切な時間を奪うことにもなる。そこで，電話をかける場合は，タイミングを考え，極力，相手に迷惑をかけない配慮が必要となる。本題に入る前には，「今，よろしいでしょうか」「○分程，よろしいでしょうか」などの言葉を使うとよい。

4）声だけが頼り

会って話すのであれば表情や態度などを含めたコミュニケーションができるが，電話は声と言葉だけが頼りである。したがって，伝えたい内容を正確に伝えるためには，聞き取りやすい声で丁寧かつ簡潔な言葉を使う。そして，「声にも笑顔」を心がけると，より良い電話応対となる。

（2）電話応対の心構え

1）迅速に応対する

　電話が鳴ったらすぐにでる。相手を待たせるのは失礼にあたり，3コールまでに取るよう心がけ，それを過ぎたら「大変お待たせいたしました」などと言う。取次ぎでの「少々お待ちください」の後の保留は，30秒を目安にする。保留が長引く場合は，一度切ってからかけ直すことを申し出るとよい。

2）正確に応対する

　記憶に頼らず，相手の名前や用件は必ずメモをとる。そのメモをもとに復唱確認をすることで，誤りを防ぐとともに，相手に安心感を与えることができる。

　特にまぎらわしい言葉や聞き取りにくい数字には特に注意し，確認するようにする。また，相手が聞き取りやすいように，口はしっかり開け，明確に発声する。

3）簡潔に応対する

　簡潔に話すことが相手の時間を大切にすることになるため，かけるときには事前準備をし，内容をあらかじめ組み立てておくことが大切である。そのうえで，結論を先に伝えた後に，5W3Hを念頭に内容を簡潔に伝える。詳細や経過は，伝える内容や重要度，相手からの要望や必要度に応じ，あくまで補足として伝える。

4）丁寧に応対する

　表情や態度は声の表情にも現れるので，相手が目に前にいるという気持ちで話す。敬語を正しく遣い，ビジネスシーンにふさわしい言葉遣いをする。伝言が必要な場合は，内容や名前を復唱する。また，電話を切るときは，受話器を静かに丁寧に置く。

> ■ スマホ時代の電話マナー
>
> 　スマホ（スマートフォン）はビジネスシーンにも浸透している。このスマホが電話のマナーにも変化をもたらしている。スマホに対する感覚には世代差があり，注意が必要である。ビジネスでは，まずは会社の固定電話にかけるのが一般的なマナーだが，スマホを社員に貸与し，円滑に活用している会社もある。相手との業務の関係性をみて，対応したいものである。

2．電話の受け方

（1）受け方の基本マナー

1）第一声は明るく

　オフィスでは固定電話が中心に使われている。固定電話の使い方には，スマホにはない特徴がある。10時半くらいまでは「おはようございます」と明るくさわやかにあいさつをする。受話器をとる時点で速やかにメモをとる態勢をととのえ，第一声は「もしもし」ではなく，「はい，○○会社の○○課です」などと，会社名と部署名を名乗る。次に「○○会社の○○様ですね，いつもお世話になっております」と相手を確認してあいさつする。

2）相手を確認

　相手が名乗らないときは「失礼ですが，どちらさまでしょうか」と確認する。声が聞き取れないときは「おそれいりますが，お電話が遠いようです。もう一度お願いできますでしょうか」と依頼する。この場合，相手の声が「小さい」「聞こえない」などの表現を使わないような配慮も必要である。

　ほかの人から電話を引き継いだときは「大変お待たせいたしました」「お電話代わりました。○○課の○○でございます」などと言う。

3）在否の返事

　相手から上司の在否を聞かれても，軽々しく答えたり取り次いだりしてはならない。そのような場合は，「少々お待ちくださいませ」などといったん保留にしたうえで，上司本人や部署内の関係者に確認をとり，場合によっては「ただいま席をはずしております」などの対応が必要となる場合もある。上司の都合を勝手に判断したり，相手に余計な連想を起こすような言葉は避けるように工夫する。

4）お待たせする場合

　返答に時間がかかりそうな時は「おそれいりますが，少々お時間がかかりますので，折り返しこちらからご連絡させていただいてもよろしいでしょうか」などと伺う。この場合，その後の連絡は5分以内を目途に行うことが望ましい。

（2）取り次ぎ方

　固定電話での対応でもっとも多いのが，上司などへの「取り次ぎ」である。取り次ぎで大切なのは，名指し人を確認することである。社外の人に対しては，社内の人は上司の場合でも敬称を付けずに呼び捨てにする。「山田ですね。少々お待ちくださいませ」と復唱し，保留にする。その後，相手の会社名・名前を名指し人に伝えて代わる。

1）名指し人が在席時の取り次ぎ方
　名指し人が在籍しているときは，基本どおりの取り次ぎ方を，明るい声で丁寧に行う。

◆ 取り次ぎ方の流れ（「　　」：応対用語　□内は受け手側）

３コール以内で出る（極力１〜２コールで出ることが望ましい）

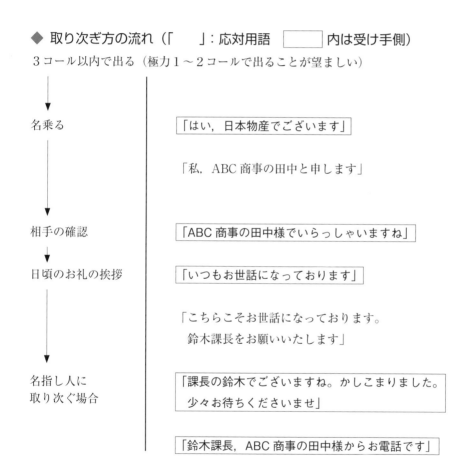

名乗る　　　　　「はい，日本物産でございます」

　　　　　　　　「私，ABC商事の田中と申します」

相手の確認　　　「ABC商事の田中様でいらっしゃいますね」

日頃のお礼の挨拶　「いつもお世話になっております」

　　　　　　　　「こちらこそお世話になっております。
　　　　　　　　　鈴木課長をお願いいたします」

名指し人に
取り次ぐ場合　　「課長の鈴木でございますね。かしこまりました。
　　　　　　　　　少々お待ちくださいませ」

　　　　　　　　「鈴木課長，ABC商事の田中様からお電話です」

2) 名指し人が不在の場合の取り次ぎ方

　取り次ぐ相手が不在の場合は，不在とその理由を伝える。そして「よろしければ，戻り次第お電話させていただきます。お電話番号をお願いできますでしょうか」などと伺い，伝言を復唱・確認したうえで伝言メモを作成し，名指し人の机上に固定しておく。メモを置くだけでなく，名指し人が戻ったときには，口頭でも報告することを忘れてはならない。

◆ 不在時の取り次ぎ方（「　　」：応対用語　　　内は受け手側）

３コール以内で出る（極力１〜２コールで出ることが望ましい）

名乗る	「はい，日本物産でございます」
相手の確認	「私，ABC商事の田中と申します」
	「ABC商事の田中様でいらっしゃいますね」
日頃のお礼の挨拶	「いつもお世話になっております」
	「こちらこそお世話になっております。課長の鈴木様をお願いいたします」
丁寧に詫びる 状況を述べる 相手の意向を聞く	「申し訳ございません。あいにく鈴木は外出しております。午後４時には戻る予定でございます。よろしければ，戻りましたら，こちらから連絡いたしましょうか」
	「お願いいたします」
	「かしこまりました。おそれいりますが，念のためお電話番号をお願いできますでしょうか」
メモを取る	「××××－××××でございます」
確　認 名乗る	「××××－××××，ABC商事の田中様でいらっしゃいますね。鈴木が戻りましたら，確かに申し伝えます。私，○○が承りました。お電話ありがとうございました」
あいさつ	「よろしくお願いいたします。失礼いたします」
	「失礼いたします」

相手が切ったことを確認してから，ゆっくり丁寧に切る

● ペアワークで，電話応対［受け方］をチェックしあってみよう

チェックポイント	○ ✕	よくできた点 改善したい点
相手をお待たせせずに電話をとったか		
メモの準備はできていたか		
受話器は，利き手と反対側の手でとったか		
電話をとるときの姿勢は正しかったか		
最初のあいさつは明るく，丁寧にできたか		
会社名，名前を名乗ったか		
相手の会社名・名前の復唱と挨拶が感じよくできたか		
会話を妨げないよう，手早くメモをとったか		
名指人を確認し，安心感を与えていたか		
相手の会社名・名前を，正しく取り次げたか		

3) 名指し人不在の場合の応対用語

　名指し人が不在などの理由で取り次げない時の対応には，特に注意が必要である。まずは，せっかく電話をかけてくださったのに不在で申し訳ないという気持ちを，言葉遣いだけでなく，声の表情に込めて伝えたい。そのうえで，不在の理由と，今後，どのように連絡をとることが可能かについて，迅速・正確・丁寧に伝えることが求められる。

◆ 不在理由の伝え方

「申し訳ございません」「おそれいります」などのお詫びの言葉を言ったあと，

- ・○○は，ただ今，席をはずしております
- ・○○は，○日まで出張中でございます
- ・○○は，ただ今，ほかの電話に出ております
- ・○○は，あいにく本日，休暇を取らせていただいております（休んでおります）
- ・○○は，ただ今，会議中でございます

◆ 不在に対する対応・相手の意向の尋ね方

- ・こちらから折り返しご連絡いたしましょうか
- ・もし，代わりの者でもよろしければご用件を承りますが，いかがでしょうか
- ・○時には終わる予定ですが，いかがいたしましょうか
- ・○日（○時）には出社いたしますが，いかがいたしましょうか
- ・よろしければご用件（ご伝言）を承りますが，いかがでしょうか
- ・お差し支えなければ，ご用件をお聞かせ願えますでしょうか
- ・お急ぎでしたら，出先に連絡を取り，ご連絡させましょうか

コラム

■ 名指し人（上司）が不在でも，対案を伝えよう

　用件を伺ったうえで，ほかの人でも対応できると判断できたときには，「その件でしたら同じ課の○○でも対応可能かと存じます。よろしければお電話を代わりますが，いかがでしょうか……」など，臨機応変に対応することで，好感度・信頼を高めたいものである。

● ペアワークで，電話応対［不在時の取り次ぎ］をチェックしあってみよう

チェックポイント	○ ×	よくできた点 改善したい点
会社名・名前・名指人を復唱できたか		
名指人不在を，心を込めてお詫びできたか		
不在理由を，適切に伝えることができたか		
相手の用件を正確に聞き取ることができたか		
聞き取った用件を手際よくメモできたか		
メモに則して正確に確認・復唱できたか		
不在に対して，適切な対案を提示できたか		
相手の連絡先を聞き取ることができたか		
対応した自分の名前を伝えることができたか		
最後の挨拶まで，丁寧にできたか		

3．電話のかけ方

（1）かけ方の事前準備と基本マナー

　受ける場合とは異なり，電話をかける場合は，事前の準備ができていて当たり前である。用件を効率よく伝えるためのポイントと順番を整理しておきたい。

　あらかじめ用件をまとめ，話の順番をメモしておく。必要な書類と資料をそろえ，電話番号や名指しする相手の部署名・職名・名前を確認する。番号を正確にプッシュする。一般的に，朝・夕の忙しい時間帯や昼休みの前後などは，緊急の場合を除いて避けることが望ましい。

（2）相手が出てからの手順

1）名指し人に取り次いでもらうまで

　相手が出て社名を名乗ったら，自分の会社名・名前を名乗る。名指ししたい相手の所属・職名・名前を伝え，取り次いでもらう。いつつながっても対応できるよう，保留音の間も気を抜かないよう注意が必要である。

2）名指し人が出てから

　名指し人が出たら，改めて，自分の会社名・名前を名乗る。あいさつに続き，「ただ今，お時間よろしいでしょうか」と相手の都合を伺ったうえで，用件を手際よく伝える。話が終わったら，「それでは，失礼いたします」とあいさつした後，自分から電話を切る。このとき，一呼吸おいてから受話器を静かに置く。

3）そのほかの場合

・取り次ぎのため保留中や通話中に通話が切れた場合，かけた側からかけ直す
・名指し人が不在の場合，戻り時間を確認し，原則としてかけた側からかけ直す
・上司の代理で相手を呼び出すときは，相手が出る前に速やかに上司と代わる
・伝言を依頼する場合は「おそれいりますが，ご伝言をお願いできますでしょうか」とお願いし，こちらの連絡先（電話番号）も伝え，伝言を託した相手の名前を忘れずに聞いておく

◆ かけ方の流れ（「　　」：応対用語　[　　　]内はかけ手側）

準　備	・相手の電話番号・会社名・所属部署名・名前を確認する
↓	・用件を５Ｗ３Ｈの要領でまとめておく
	・必要書類・資料などを準備しておく
	・かける時間帯を考える
かける	「はい，日本物産でございます」
↓	
名乗る	[「私，ABC商事の田中と申します」]
↓	
日頃のお礼の挨拶	[「いつもお世話になっております」]
↓	「こちらこそ，いつもお世話になっております」
名指し人を依頼する	[「おそれいりますが，課長の鈴木様はいらっしゃいますでしょうか」]
↓	「鈴木でございますね。かしこまりました。
	少々お待ちくださいませ」
	「お電話代わりました。鈴木でございます」
あいさつ	[「私，ABC商事の田中と申します。
都合を確認する	いつもお世話になっております。お忙しいところおそれ
	いります。ただ今，お時間よろしいでしょうか」]
↓	
	「はい，お願いします」
用件を述べる	・５Ｗ３Ｈの要領で用件を説明する
↓	・結論 → 理由 → 詳細・経緯の流れで効率よく伝える
	・結論などを確認のため復唱する
あいさつ	[「失礼いたします」]
	「失礼いたします」
	（「ありがとうございます」「よろしくお願いいたします」）
	原則としてかけた方から，ゆっくり丁寧に切る

4．電話応対の実際

（1）伝言メモの作成

名指し人が不在の場合は，伝言メモを作成して名指し人に伝える必要がある。伝言を復唱して確認し，「私，○○と申します」「私，○○が承りました」と責任の所在を明確に相手に伝えなければならない。

◆ 伝言メモ作成のポイント

　・用件を５Ｗ３Ｈの要領で箇条書きにし，簡潔・正確にメモする

　・必ず復唱して確認する

　・机上に固定して置くだけでなく，本人が戻り次第，報告する

　・項目が印刷されたものも多いが，白紙でも必要項目を自分で書けるようにしておこう

```
                    伝言メモ
          月    日  午前・午後      ：
_____様


社名_____
_____様より
□来社されました
□お電話がありました


□お電話ください        （  ）_____
　□至急　□明日でも可　□    時ごろ
□また電話します
□電話があったことお伝えください
□次の伝言がありました_____
_____
                      取次者_____
```

（2）電話応対用語

1）電話中

「申し訳ございません。ただ今，○○はほかの電話に出ております。少々長引きそうですが，いかがいたしましょうか。終わり次第こちらからおかけいたしましょうか」

「おそれいります。ただ今，○○はほかの電話に出ております。間もなく終わりそうですので，今しばらくお待ちいただけますでしょうか」

2）離席中

「申し訳ございません。あいにく○○は席をはずしております。○時には戻る予定ですが，いかがいたしましょうか」

3）来客中・会議中

「申し訳ございません。あいにく○○は来客中・会議中でございます。○時には終わる予定ですが，戻り次第こちらからおかけいたしましょうか」

4）外出中

「申し訳ございません。あいにく○○は外出しておりまして，○時には戻る予定でございます。戻りましたらお電話を差し上げるよう申し伝えましょうか」

「あいにく○○は外出しておりまして，本日は社に戻らない予定でございます。明日は9時に出社予定でございますが，いかがいたしましょうか」

「申し訳ございません。あいにく○○は本日外出いたしております。その用件でしたら，お差し支えなければ，代わりの者がご用件を承りますが……」

5）出張中

「申し訳ございません。あいにく○○は出張中でございます。○日には出社の予定ですが，お急ぎでしょうか。夕刻には本人より連絡がございますが，お電話を差し上げるよう申し伝えましょうか」

6）休暇中

「申し訳ございません。あいにく○○は本日，休暇を取らせていただいております。明日出社予定でございます。お差し支えなければご用件をお聞かせ願えますでしょうか」

● 名指し人の状況に応じて，電話応対をしてみよう

① 安田部長　11時まで会議中
② 今田課長　電話中　まもなく終わりそう
③ 木田主任　出張中　5月11日（月）に出社予定
④ 総務課　島田　休暇　明日出社予定
⑤ 営業課　福田　取引先　直帰予定
⑥ 経理課　吉田　離席中

コラム

■ LINE，AIで自動電話応対　都内で実験

　LINEは20日，人工知能（AI）による，飲食店向けの電話応対サービスの実験を始めたと発表した。音声認識やチャットボット，音声合成の技術を組み合わせ，電話でかかってきた飲食店の予約を自動でできる。飲食店の電話応対の負担を削減し，消費者には簡単に予約できるサービスを提供できるという。

　同日，東京・台場で始まったLINEの技術者向けのイベントで発表した。登壇したLINEのパク・イビン最高技術責任者（CTO）は「ITサービスは国もプラットフォームも境界がなくなり，シリコンバレーのテック企業との差は大きくなっている」と指摘。その上で「それでも負けずに，LINEはアジアから出発したAIテックカンパニーとしてこれからもっと進化し続けていきたい」と意気込んだ。

　AI電話応対サービス「LINE AIコール」を飲食店の予約管理システムを手掛けるエビソル（東京・渋谷）と組んで開発。「俺のフレンチ」などを展開する俺の（東京・中央）の「俺のGrill&Bakery　大手町」で実用化に向けた実験を始めた。

　エビソルの飲食店向け管理システム「エビカ予約台帳」の電話予約受付機能のうち，固定電話からかかってきた予約電話のみ対応。予約台帳と連携し，電話予約は自動で登録される。顧客に対しては電話応対で満足度を上げられる。今後は外部サービスの連携やLINEでの問い合わせ応対，予約確認の自動化などLINEの他のサービスとの連携も視野に入れて実用化を図る。

（出典：日本経済新聞　2019/11/20）

5．携帯電話での応対

（1）基本マナー

　スマホ（スマートフォン）は手軽で便利だが，時としてマナーを忘れがちになる。特にビジネスシーンや公共の場所で使うときには気をつけなければならない。職場では，着信音が鳴らないようにマナーモードや機内モードにしておくことはもちろん，勤務中の私用電話の着信があった場合は，原則として勤務時間外にかけ直すのがマナーである。万一，緊急の私用電話の場合は，廊下などに出て手短にすませることなど，公私の区別と場所のけじめをしっかり認識することが必要である。

（2）受け方・かけ方

　電車やバスなどの公共交通機関において着信があった時，近距離移動の場合であれば降りてから，新幹線などの長距離移動の場合はデッキなどで話す。病院などの医療機関では，計器類に支障をきたす場合があるので，マナーモードや機内モードにするだけでなく，電源を切るなど，TPOに合わせた対応をとる。

　屋外で社用電話をかける場合は，周囲の雑音や情報漏洩などのおそれもあるので，慎重に場所や声の大きさを選ぶことを心がけたい。特に契約や金額交渉などに関わる重要な商談の際は，会社に戻ってから落ち着いた状況でかけ直すなどの配慮が必要だろう。また，電話がつながったときには，相手の都合や場所を考慮して，「今，電話しても差し支えないでしょうか」などの一言を忘れないことも大切である。

（3）面談中・会議中の対応

　面談中や会議中に着信音が鳴ることはもちろん，関係のない人からの電話に出ることはマナー違反である。特に重要な相手との商談中や会議中は，マナーモードや機内モードではなく，電源自体を切っておくことが望ましい。

　また，やむをえず面談内容に関係あることを携帯電話で確認する場合や，必要な電話がかかってくることが予測される場合は，面談相手や会議のメンバーなどにあらかじめ了承を得ておくとよいだろう。

第3章のポイント学習

1. 次の電話応対が正しい場合は〇を，誤っている場合は×をつけてみよう。
   (1) （　　　） ビジネスの電話応対はビジネスであることを考慮して，普段よりも低い声で話す方が相手の人は聞き取りやすい。
   (2) （　　　） 伝言を頼まれたため，「明日の8日14時のお約束を16時，午後4時に変更ですね」と復唱した。
   (3) （　　　） 取り次ぐ依頼を受けたので「田中部長でございますね，かしこまりました」と言った。
   (4) （　　　） 同僚の携帯電話が留守番電話になっていたら，打ち合わせ中の場合もあるので，メッセージを入れずに切る。
   (5) （　　　） 「あとで電話する」と伝えてもらいたい場合，「のちほどお電話を差し上げますと，申し伝えていただけますでしょうか」と言う。
   (6) （　　　） 伝言の内容が複雑な場合，メモをしてほしいと頼んでから話す。
   (7) （　　　） 名指し人が不在の場合，「あいにく田中は席におりません」と言う。

2. 次の場合，どのように言えばよいのか考えてみよう。
   (1) 間違い電話を受けたとき
      「　　　　　　　　　　　　　　　　　　　　　　　　　　　　　　　　　　　　」
   (2) 相手の声が聞き取りにくいとき
      「　　　　　　　　　　　　　　　　　　　　　　　　　　　　　　　　　　　　」
   (3) 電話が途中で切れてしまったとき
      かけた側「　　　　　　　　　　　　　　　　　　　　　　　　　　　　　　　」
      受けた側「　　　　　　　　　　　　　　　　　　　　　　　　　　　　　　　」
   (4) こちらから電話をして，少し長引くことが予想されるようなとき
      「　　　　　　　　　　　　　　　　　　　　　　　　　　　　　　　　　　　　」
   (5) 名指し人の名前が聞き取れなかったとき
      「　　　　　　　　　　　　　　　　　　　　　　　　　　　　　　　　　　　　」

第**4**章

来客応対

—— お客さまをお迎えするときの基本マナー ——

　企業には，得意先・仕入先・関連する企業や団体・セールスなどさまざまな来客がある。

　これらの人びとの目的・要望に合わせて，社内の名指し人に取り次ぐかどうかなどの状況判断をしながら，適切に対処することが大切である。また，その応対の良し悪しが企業のイメージを左右し，業績に影響する場合もあることを念頭に置きながら，常にお客さまを敬い，優先し，良い印象をもっていただけるように心を配り，一期一会の心で応対することが来客応対の真髄である。つまり，来客応対は，心を言葉や所作などで表現するものともいえる。

　この章では，お客さまに対する心がまえ・言葉遣い・所作などを具体的に学びながら，心を伝える来客応対について考えていこう。

1．来客応対の心がまえ

　来客応対は，人と人とが実際に会って行われる応対であり，歓迎・感謝などの気持ちを，言語・非言語の両面から表現することが求められる。たとえば，歓迎の意を「いらっしゃいませ」という言葉と共に，心をこめたおじぎややさしい視線と温かな笑顔，明るい口調などで表現し，ホスピタリティあふれる応対を心がけることが大切である。

　そのほか，来客応対を行うときのポイントは，次のとおりである。

◆　正確・迅速

　お客さまの基本情報（会社名・名前・用件・アポイントメントの有無・所要時間など）を正確に把握し，迅速に対応する。

◆　誠意・親切・丁寧

　一人ひとりの目的・要望を真摯な姿勢で聴き，精一杯応える誠意ある応対，手荷物を運ぶ・預かるといった親切な行為，名刺を大切に丁寧に扱う態度などがお客さまの心に伝わり，好印象につながるということを忘れずに対応する。

◆　公平

　応対は，先着順を基本とし，公平性を保つ。やむをえず順序を変える場合は，理由と謝罪の言葉を伝える。外見や言動・親しさの度合いなどによる不公平な応対は慎む。

■　宮澤章二「行為の意味　青春前期のきみたちに」より

　「〈こころ〉はだれにも見えないけれど〈こころづかい〉は見える
　〈思い〉は見えないけれど〈思いやり〉はだれにでも見える
　あたたかい心が　あたたかい行為になり
　やさしい思いが　やさしい行為になるとき
　〈心〉も〈思い〉も　初めて美しく生きる」

　　　　（出典：宮澤章二『行為の意味　青春前期のきみたちに』ごま書房新社，2010，pp.108-109.）

　「数多い企業の中から当社とお取り引きいただき，ありがとうございます」という心や思いは，行為になるとき初めて生きるのではないだろうか。

２．来客応対の基本

　来客応対は，｜受付｜→｜取り次ぎ｜→｜案内｜→｜接待（茶菓）｜→｜見送り｜の流れで行う。

　また，ビジネス社会では，訪問前にアポイントメント（面会予約）を取るのが一般的だが，取らずに来社する場合もある。いずれの場合も的確に対応することを心がける。

　来客応対のマナーには諸説あるが，ここでは秘書技能検定にも用いられている一般的な基本例を挙げ，応対の方法と心がまえ・言葉遣い・所作などを学ぶ。

（１）受付

　受付は，お客さまが最初に訪れる場所である。このときの印象が企業のイメージにつながる。企業を代表する気概をもち，さわやかな笑顔で歓迎の心を全身で表現しながら，十人十色のお客さまに好感をもっていただけるような応対を心がけたい。

表4-1　受付応対

応対の方法	留意点と具体例
お客さまの迎え入れ ◆お客さまの姿が見えたら，すぐに椅子から立ち上がり，笑顔で一礼する	◎「ようこそ，いらっしゃいました」という歓迎の心を表す 「いらっしゃいませ」 「おはようございます」
お客さまの確認 ［会社名・名前を名乗られた場合］ ◆会社名・名前を復唱する ◆感謝を伝える ［会社名・名前を名乗られない場合］ ◆お客さまに確認をする	「ABC株式会社の井上さまでいらっしゃいますね」 「いつもお世話になっております」 「失礼ですが，どちらさまでいらっしゃいますか」

表4-2 名刺の取り扱い方

応対の方法	留意点と具体例
[名刺を出された場合]	◎名刺は相手の分身と思い，大切に預かる心遣いが必要である
◆両手（または名刺盆）で，胸の高さで丁寧に受ける	◎名刺を胸から上げすぎると，仰々しく感じ，胸から下で受けると，ぞんざいに扱われているという感じを与えてしまう可能性がある
◆名前に親指がかからないように注意する	◎名前に親指がかかることは，相手の顔を押さえたことになり，失礼にあたる
	「頂戴いたします」または「お預かりいたします」
◆会社名・名前を読み，復唱する	「ABC 株式会社の井上さまでいらっしゃいますね」
◆名前が読めないときは，読み方を確認する	「失礼ですが，何とお読みすればよろしいでしょうか」教わった後は「失礼いたしました。○○さまでいらっしゃいますね」と続ける

Let's Try 1

● 名刺交換

　各自で名刺を作成し，交換しながら挨拶をしてみよう。

（2）取り次ぎ

　名指し人に取り次ぐ際，アポイントメントのある場合とない場合とでは対応の仕方が異なる。アポイントメントのない場合は，お客さまの目的・要望，または名指し人の状況により，対応の仕方がさらに分かれ，状況に合わせた的確な判断が求められる。

表4-3　取り次ぎの仕方 I

応対の方法	留意点と具体例
アポイントメントのある場合	◎「待っていた」という歓迎の心を表す
◆会社名・名前を確認し，速やかに応接室など面談場所に案内し，名指し人に取り次ぐ	「ABC 株式会社の井上さまでいらっしゃいますね。お待ちいたしておりました。○○○へご案内いたします。どうぞこちらへ」
アポイントメントのない場合　[一般的な来訪]	◎面会予約がなく，取り次いでよいか判明しないときは，安易に取り次がず，名指し人に意向を確認する
◆会社名・名前・用件を確認する	「失礼ですが，どちらさまでいらっしゃいますか」「おそれいりますが，どのようなご用件でしょうか」
◆名指し人の在否は告げない	「ただ今確認いたしてまいりますので，少々お待ちくださいませ」
◆名指し人に確認する	「ABC 株式会社の井上さまが○○というご用件でお見えですが，いかがいたしましょうか」
[転任や就任，年賀などの挨拶]	◎面会予約を取らずに来訪し，短時間で用件が済むのが一般的であり，できる限り取り次ぐ
◆お礼を述べ，名指し人に取り次ぐ	「ご丁寧にありがとうございます。少々お待ちくださいませ」
◆名指し人不在のときは，代理人を立てるほうがよい	「おそれいりますが，鈴木は外出（出張）いたしております。よろしければ，代わりに高橋がお話を伺いますが，よろしいでしょうか」

表4-4　取り次ぎの仕方Ⅱ

応対の方法	留意点と具体例
[セールスや勧誘]	◎来訪目的から招かれざる客と判断したときは，安易に取り次がないように心がける
◆理由などを伝え，丁重に断る	「○○のため，当社では，お受けいたしかねます」
◆担当部署がある場合は，その部署に引き継ぐ	「おそれいりますが，そちらの件は，□□□部でお尋ねいただけますでしょうか」
[名指し人が来客中のとき]	◎会社名・名前・用件を確認後，何らかの取り次ぎが必要なお客さまのときは，代理人を立てるか，場合により名指し人に確認する
◆通常の場合は，初めに名指し人の状況を伝え，代理人で可能か確認する	「あいにく鈴木は来客中でございます。よろしければ，代わりに高橋がお話を伺いますが，いかがでしょうか」
〈代理人でよいとき〉	
◆代理人を呼ぶことを告げる	「おそれいります。ただ今高橋を呼んでまいりますので，少々お待ちくださいませ」
〈名指し人との面会希望のとき〉	
◆確認することを告げる	「かしこまりました。ただ今鈴木に確認いたしてまいりますので，少々お待ちくださいませ」
◆名指し人に確認する ◆用件はメモで伝える	◎面談場所の応接室などに入るときは，「お話し中失礼いたします」と詫びてから，用件を書いたメモを見せ，指示を仰ぐ。指示を受けたら，「失礼いたしました」と挨拶し，退室する
◆名指し人の指示にしたがい，対応する	◎「お待たせいたしました」と言ってから，名指し人の意向を伝える
	◎用件の重要度・緊急度によっては，臨機応変な対応が必要になる場合もある

表4-5　取り次ぎの仕方Ⅲ

応対の方法	留意点と具体例
［名指し人が不在のとき］	◎会社名・名前・用件を確認後，本来なら取り次ぐべきお客さまのときは，期待に添えず申し訳ないという心を表し，できる限りの対応をする
◆名指し人の不在と差し支えのない理由を告げ，帰社予定日時などを伝え，お客さまの意向を尋ねる	「あいにく鈴木は外出（出張）いたしております。○時ごろ戻る予定（○日に出社する予定）でございますが，いかがいたしましょうか」
〈代替案の提案〉	
◆代理人を立てる	「よろしければ，代わりに高橋がお話を伺いますが，いかがでしょうか」
◆伝言を聞く	「よろしければ，私，田中がご用件を承り，鈴木に申し伝えますが，いかがでしょうか」
◆再訪となるときは，候補日を確認し，連絡をする	「鈴木に確認し，こちらからご連絡を差し上げたいと存じますが，よろしいでしょうか」
〈お詫び〉	
◆要望に応えられない場合は，ねぎらいとお詫びの言葉を述べる	「せっかくお越しいただきましたのに，大変申し訳ございません」
［名指し人が多忙のとき］	◎会社名・名前・用件を確認し，取り次いだほうがよいお客さまと判断したとき，所要時間を確認する
◆所要時間を尋ねる	「お時間はどのくらいお取りすればよろしいでしょうか」
◆前置きの言葉を言い，名指し人に確認する	◎名指し人が多忙であることを前置きするとよい
	「あいにく鈴木は，仕事が立て込んでおりますので，お目にかかれるかどうかわかりかねますが，確認いたしてまいります」
◆要望に応えられない場合は，丁重に詫び，客の意向を尋ね，名指し人不在のときと同じ対応をする	「大変申し訳ございません。やはり取り込んでおりまして，お目にかかれそうにございません。いかがいたしましょうか」

表4-6　取り次ぎの仕方Ⅳ

応対の方法	留意点と具体例
紹介状のあるお客さまの場合	◎いずれの対応の場合も，その場で紹介状を開けないように心がける
［紹介者から事前に連絡がある場合］	◎「お待ちしていた」という歓迎の言葉を伝える
◆紹介状を預かり，名指し人に渡し，取り次ぐ	「日本株式会社の中田さまからご連絡をいただいております。お待ちいたしておりました」
［紹介者から事前に連絡がない場合］	◎この場合は，安易に取り次がず，名指し人の指示を受け，場合により紹介者に確認する
◆紹介状を預かり，名指し人に渡し，指示を仰ぐ	「お預かりいたします。少々お待ちくださいませ」

コラム

■ 名刺・書類の渡し方

　名刺を名指し人に渡す場合は，名指し人が読みやすい方向に向けて渡す。このときもお客さまの分身として，両手で胸の高さで丁寧に扱うことを忘れないようにする。

　このような渡し方は，名刺に限らず書類を他者に渡すときも同様である。渡し方だけでも，その人の教養や品格を表し，好印象につながる。就職面接時に必要書類を丁寧に担当者に向けて渡したことにより，高評価を受け，採用につながったという事例もある。

● アポイントメントのあるお客さまとないお客さまの同時訪問

　アポイントメントのあるお客さまとないお客さまが同時に訪れた。どのように対応すればよいか考えてみよう。

（3）案内

　お客さまを案内する場合，廊下を歩くとき，階段を昇り降りするとき，エレベーターに乗り降りするとき，応接室に入るときなどに，常にお客さまが上位となるよう，位置や入り方などを考える。特に初めて来訪し，不安を抱かれているお客さまには，安心していただけるように心配りをする。

表4-7　案内の仕方Ⅰ

応対の方法	留意点と具体例
廊下の案内 ◆行き先を告げ，お客さまが中央を，お歩きいただけるよう，斜め2～3歩前を歩く	◎歩調をお客さまに合わせるよう心がける 「○○へご案内いたします。どうぞこちらへ」
◆時々振り返り，曲がり角では行き先を示す	「こちらでございます」
◆場合により，お客さまの手荷物を持つ	「よろしければ，お荷物をお持ちいたします」

表4-8 案内の仕方Ⅱ

応対の方法	留意点と具体例
階段の案内	◎常にお客さまより低い位置を心がける
◆原則，昇るときはお客さまが先，降りるときはお客さまが後になるように心がける	
エレベーターの案内 [乗るとき] ◆乗る前に目的の階を告げる	「○階でございます」
〈エレベーター内に人がいる場合〉 ◆外のボタンを押すか，ドアを軽く手で押さえ，お客さまに先にお乗りいただく	「どうぞ」 
〈エレベーター内に人がいない場合〉 ◆先に乗ることを一言断り，「開」ボタンを押し続けて，お客さまにお乗りいただく	「お先に失礼いたします」 「どうぞ」 ◎お客さまに背を向けないよう，少し斜めに立つ 
[降りるとき] ◆「開」ボタンを押したまま，お客さまに先にお降りいただく	「○階，こちらでございます」 「どうぞ」 

表4-9　案内の仕方Ⅲ

応対の方法	留意点と具体例
応接室の案内 ◆お客さまに面談場所がこの部屋であることを告げ，ノックをしてドアを開ける	◎応接室を予約していても，中に人がいる可能性があるので，必ずノックをする 「こちらでございます」
［外開きのドア］ ◆ドアを開け，お客さまに先にお入りいただく	「どうぞ」「どうぞお入りくださいませ」
［内開きのドア］ ◆ドアを開け，自らが先に入り，ドアを押さえておき，お客さまを招き入れる	
◆上座を勧める	◎入口から遠いソファが，お客さまの席になり，一番奥が最上席になる 「こちらにおかけになってお待ちくださいませ」 応接室の席次
◆手荷物やコートがあれば預かる	「よろしければ，お荷物（コート）をお預かりいたします」
◆運んだ荷物や応接室で預かった荷物は，所定の位置に置く ◆退室するときは一礼する	「鈴木は，まもなく（○分ほどで）まいりますので，少々お待ちくださいませ」 「失礼いたします」

■ 乗り物での席次

　応接室の席次以外に，次のような車・列車・飛行機の席次がある。ビジネスの場では，
それぞれの立場に心を配ることが大切である。

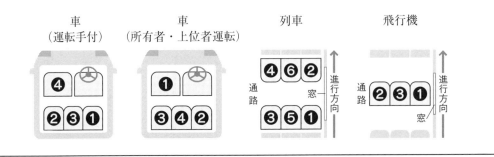

（4）接待（茶菓）

　接待とは，「お客さまをもてなすこと」で，一般に茶菓や食事などの接待が挙げられる。
ここでは，茶菓の接待について説明する。応接室などにお客さまをご案内した後に，お茶
やお菓子などを出し，お客さまに来訪までの疲れを癒し，おくつろぎいただくことや，話
し合いなどで渇いたのどを潤していただくことを目的に行う。

表4-10　お茶（煎茶）の入れ方

応対の方法	留意点と具体例
［お茶（煎茶）の入れ方］ ◆急須に入れたお茶を，茶碗の7～8分目ぐらいになるまで注ぐ	◎人数分の茶碗と急須に湯を入れて温める ◎急須の湯を捨て，人数分の茶葉を入れて，茶碗の湯か他の冷ました湯を注ぎ，蒸らす ◎湯の温度は，茶葉の種類により適温がある 　（例）煎茶は70度～80度くらい ◎濃さを均等にするため， 　①→④のように少しずつ 　注ぎ分ける ❶→❷ ❹←❸

表4-11　茶菓の出し方

応対の方法	留意点と具体例
［お茶（煎茶）の運び方］ ◆茶碗・茶托・布巾をお盆にのせる ◆お盆は両手で胸の高さで持つ ◆応接室のドアをノックして入室する	◎茶碗・茶托は別々にし，お客さまにお出しするときに，セットする 「失礼いたします」 ◎会釈をするとき，息がかからないように，お盆を少し横にずらす 
［お茶（煎茶）・お菓子の出し方］ ◆サイドテーブルかテーブルの下手にお盆を置き，茶碗の底を拭き，茶托にのせる ◆茶碗をのせた茶托を両手で持ち，上座から一つひとつ丁寧に出す	◎机上に書類などがある場合は，自社の社員に声をかけて，邪魔にならない位置に置く 「どうぞ」（小声で） ◎茶碗にワンポイントの絵柄がある場合は，お客さまの正面に絵柄がくるように置く ◎茶托に木目がある場合は，木目が横になるように置く ◎お茶とお菓子を出すときは，お客さまから見てお菓子を先に左側，お茶は後で右側に置く 
◆出し終えたら，お盆を外向きに脇に抱えて，入口近くで一礼し，退室する	「失礼いたします」 

表4-12　コーヒー・紅茶の出し方

応対の方法	留意点と具体例
［コーヒー・紅茶の出し方］ ◆温かいものは，ソーサーの上にカップをのせて出し，冷たいものは，先にコースターをテーブルの上に置き，グラスをのせる	◎カップを出すときは，スプーンの持ち手は右側にし，ソーサーの手前に置く ◎カップの持ち手は右側・左側両方の説がある ◎砂糖とミルクはスプーンと一緒にソーサーにのせるか，別の容器に人数分をのせて出す

（5）見送り

お客さまがお帰りになるときは，来訪に対する感謝の気持ちを表し，見送る。

表4-13　見送りの仕方

応対の方法	具体例
受付や自席での見送り ◆椅子から立ち上がり，挨拶し，おじぎをして見送る	「お越しいただき，ありがとうございました」 「こちらで失礼いたします。お気をつけてお帰りくださいませ」
エレベーターホールでの見送り ◆挨拶し，ドアが閉まるまでおじぎをして見送る	「失礼いたします」「ごめんくださいませ」
車での見送り ◆荷物があれば，車に運び入れる。 ◆挨拶し，車が走り去るまでおじぎをして見送る	「失礼いたします」「ごめんくださいませ」

■ 応接室の後片づけ

お客さまがお帰りになったら，応接室の後片づけを速やかに行う。

・忘れ物の確認

　お客さまの忘れ物があれば，上司に相談し速やかに対応する。

・応接室をすぐ使用できる状態に整頓

　食器類を片づけ，テーブルを拭き，椅子や備品などを元どおりにする。

　簡単な清掃も心がけて，清潔にする。

（6）紹介の仕方

名指し人に，初対面のお客さまを紹介することがある。紹介する順序が重要である。

表4-14　紹介の仕方

応対の方法	具体例
［紹介の仕方］ ◆紹介は目上の人へ情報を先に提供するという意識で行う （例） | 紹介順①	紹介順②
社内の人	社外の人
地位が下の人	地位が上の人
一人	複数の人		北村さま　❶←　❷→　鈴木部長  ①「北村さま，こちらが営業部長の鈴木でございます」　②「部長，こちらがABC株式会社購買部長の北村さまでいらっしゃいます」

第4章のポイント学習

1. 次の文が正しい場合は○を，誤っている場合は×をつけてみよう。

(1) （　　）来客応対は，受付・取り次ぎ・案内・接待（茶菓）・見送りの順で行う。

(2) （　　）来客応対は，正確・迅速を心がけさえすればよい。

(3) （　　）お客さまの姿が見えたら，椅子に座ったまま，笑顔と共に一礼する。

(4) （　　）名刺は，両手または名刺盆で，胸の高さで丁寧に受ける。

(5) （　　）転任や就任，年賀などの挨拶の来訪者は，できる限り取り次ぐ。

(6) （　　）紹介状のあるお客さまは，念のため紹介状を開いて確認する。

(7) （　　）階段は，原則，昇るときはお客さまが後，降りるときはお客さまが先になるようにする。

(8) （　　）外開きのドアは，案内者がドアを開け，お客さまに先にお入りいただく。

(9) （　　）お菓子はお客さまから見て右側，お茶は左側に出す。

(10) （　　）お客さまがお帰りになるとき，エレベーターはドアが閉まるまで，車は走り去るまで，おじぎをして見送る。

2. 次の応対の方法と言葉遣いの組み合わせで，正しい場合には○を，誤っている場合には×をつけ，正しい表現に訂正してみよう。

(1) （　　）会社名・名前を確認する。＝「ABC株式会社の井上さまでございますね」

(2) （　　）上座を勧める。＝「こちらにおかけになって，お待ちくださいませ」

(3) （　　）先に社内の人を紹介する。＝「北村さま，こちらが営業部長でございます」

3. 次の図に席次を示す番号を書いてみよう。

(1)応接室 　　　　　　　(2)車（運転手付） 　　　　　(3)列車

　　　　　　　　　　　　　　5人乗り 　　　　　　　　　　6人掛け

第 **5** 章

接客応対

—— 接客・接遇現場での応対 ——

　一般に，接客業といえば飲食店のサービスや小売店での販売，美容関係などをイメージしがちである。しかしながら，接客がお客さまを主体として対応する業務であると考えると，営業職・事務職・コールセンター・医療関係の窓口対応など，ビジネス社会には実にさまざまな業界・業種において，接客・接遇という業務が存在する。

　また，市場環境が，生産・販売から顧客志向へと変化している現代において，組織が存続・発展し続けるためには，いかにお客さまをはじめ，関係者の方々の心を掴むサービスを提供できるかということが重要なカギとなる。

　では，そのためには，どのようなスキルが必要なのだろうか。基本から考えていこう。

1. 接客実務の基本

「接客」とは，「客に接すること，客をもてなすこと」である。それは，お客さまの求めているもの（ニーズ）を探り，それを満たす行為でなければならない。「接客」は機械が行うものではなく，人間同士の関わり合いの行為である。だからこそ，相手を思いやる心，喜んでほしいと思う心，良いサービスを提供したいという心，そして，この心を相手に伝えて，相手からも心が返ってくるという，「心の通い合い」こそが大切なのである。

（1）日本の「おもてなし」の心とは

日本の接客とサービスは世界のトップレベルといわれている。これは，古来から伝わる伝統文化や民族性に大きく起因するところがある。

日本人は一般的に勤勉で誠実な国民性であり，ビジネスの場だけではなく，日常生活においても，相手への目配りや気配りをさりげなく行い，良い人間関係をつくろうと心がけている。つまり，多くの日本人は，合理的な接客サービスよりも感情面に配慮した接客サービスを好み，大切にしている傾向があるといえる。

このような日本の接客サービスを代表する表現として「おもてなし」という言葉がある。「おもてなし」の語源は，二つあるといわれている。一つは「モノを持って成し遂げる」，もう一つは「おもてなし＝表裏なし」，つまり表裏のない「心」でお客さまをお迎えするという意味がこめられているとされている。言い換えると，「おもてなし」とは，常に相手の方の立場に立ち，表裏のない誠実な奉仕の心を伝える行動をすることにより，お客さまの心が動き，感動・感銘や余韻が生まれる対応といえる。

Let's Try 1

● おもてなし

あなたがこれまでに経験したサービスやおもてなしで，心に残っているものを思い出し，どのような心遣いであったか，どのように感動したのかを話し合ってみよう。

（2）顧客満足度（CS）と従業員満足度（ES）

　企業は，提供する商品やサービスなどを繰り返し購入，あるいは利用していただくことによって事業が成り立っている。言い換えると，事業の発展や売上向上は，いかに多くのリピーターを獲得するかにかかっているといえる。このリピーター獲得の重要なキーワードとなるのが，「顧客満足度（CS：Customer Satisfaction）」である。顧客満足とは，お客さまが利用した企業，あるいは購入した商品やサービスに対して，事前に期待した以上の価値を得られたときに感じるお客さまの心理状況をいう。お客さまはこの満足度が高いほど，再びその企業を利用（＝リピーター），あるいは商品の購入やサービスに対して対価を払うことを決定するとされている。

　また，従業員が活き活きと仕事に取り組む姿が顧客に好影響を与えることから，近年では，「従業員満足度（ES：Employee Satisfaction）[12]」を向上させることが，顧客満足度の向上に大きく影響するといわれている。

　お客さまに満足感を得ていただくためには，商品・サービス・値段・品質・アフターサービス・接客態度など，総合的に良い評価を得ることが必要である。

　そのためには，従業員の一人ひとりが，常に「顧客満足度」を意識し，個々のお客さまのニーズに合わせたサービスを提供していくことが大切である。

（3）接客応対の基本

　お客さまに「また来たい」「ぜひ，この人に任せたい」と思っていただくには，表情や態度，応対の仕方などが重要となってくる。また，最初に応対した人の第一印象の良し悪しが，所属する組織や商品のイメージや，売り上げに大きく影響することもしっかり心得ておかなければならない。ここでは，そのために必要な，接客応対の基本マナーを確認しておこう。

1）身だしなみ

　「見かけ7割，中身3割」という言葉がある。初対面の相手に良い印象をもってもらうために「身だしなみを整える」ことは大切である。専用のユニフォームがある場合は着崩さず規則どおりに着用し，ネームプレートは所定の位置につけること。口臭・香水・整髪

12：従業員の組織に対する満足度を表す指標。一般的に，従業員満足度の高い企業や会社ほど生産性や業績が高く，離職率が低いといわれている

料など，不快感を与える匂いにも注意する，どの業種・業態においても「常に清潔感を意識して身だしなみを整える」ことは，重要な仕事の一つと心得たい。

2）立ち居振る舞い

お客さまに好印象をもっていただくためには，常にお客さまの目を意識した立ち居振る舞いを心がけなければならない。感じの良い待機姿勢，きびきびとした歩き方，立ち方，座り方，特に商品の手渡しや金銭授受の際には，上品で温かみのある応対をするという心がけと態度を保つことが大切である。

3）表情づくり

基本となる表情は，もちろん「笑顔」である。笑顔によって，相手は自分を受け入れ歓迎されている気持ちになり，期待感や満足感を得る。この笑顔のあるなしで，入客率や注文率が異なるといわれている。だからこそ，自然な笑顔を身につけることは，接客の重要な基本スキルなのである。お客さまに好感をもっていただけるように，意識して口角を上げ，優しい目の自然な笑顔を，鏡の前で練習してみよう。

4）接客用語とおじぎ

おじぎは互いの心と心を近づけるために行うものである。大切なお客さまに心を込めた挨拶をするためには，言葉に合った丁寧な動作でおじぎをしなければならない。

次は，よく使われる基本的な接客用語（表5-1）と，それに伴うおじぎである。お客さまの心に残る挨拶と美しいおじぎが身につくように練習しよう。

表5-1　接客8大用語

おじぎ	接客用語	使い方とポイント
15度	はい，かしこまりました	依頼されたことを了承したときの返事
15度	少々お待ちください（ませ）	お待ちいただくことをお願いするとき
15度	おそれいります	何かをお願いするときや謙虚さを示すとき
15度	失礼いたします	前を横切るときや部屋の入退時など
30度	いらっしゃいませ	来店時，来訪歓迎の気持ちを表す挨拶
30度	お待たせいたしました	お詫びの気持ちを伝えるとき
45度	ありがとうございます（ました）	感謝の気持ちを伝えるとき
45度	申し訳ございません	ミスなどを謝罪するとき

2．接客応対の実際

「接客」の目標は，目的・性格・状況の異なるお客さまのニーズを素早くキャッチすることによって，安心と満足をしていただき，信頼を得ることである。そのためには，常にお客さまの気持ちと立場を考えた言葉と行動で，ゆとりのある応対をすることが大切である。

（1）アパレル・ファッション業界

次は，アパレルやファッション雑貨など，販売職での基本的な接客応対の流れである。ポイントを押さえ，購買意欲を引き出す応対を身につけよう。

1）準備
お客さまをお迎えするための接客環境を整え，身だしなみと表情をチェックするのが販売における準備である。

- 玄関マット・入口ドア・ショーウィンドウのガラスの曇り・指紋・汚れのチェック
- 天井や壁の汚れ，照明器具・古い POP 広告・装飾物のチェック
- 陳列棚や商品の整理整頓・補充と清掃
- レジ回り，およびバックヤードの整理整頓
- 釣り銭の準備
- 服装のチェックと，ヘアー・メイク・爪のチェック
- 新商品やサービスの内容と情報の確認

2）待機
「無理やり売りつけられるのでは……」というお客さまの警戒心を取り除き，入店しやすい雰囲気をつくるためにも，簡単な作業をしながら待機するように心がける。

- 立って待機する場合は，お客さまの入店を邪魔しないようにし，背筋を伸ばし，腕組みや仁王立ちをしないように気をつける。また，私語やボンヤリにも注意する
- お客さまが入店されると同時に，にっこり微笑みながら，明るい声で挨拶をする
- 服装・年齢・様子・立ち止まる場所・視線・手にとる商品など，お客さまをさりげなく観察し，アプローチのタイミングと言葉を考える

"「いらっしゃいませ」より一歩進んだ声かけ"
「暖かくなりましたね」「気持ちの良いお天気ですね」
「着心地のいい素材ですよ」「どうぞごゆっくりご覧くださいませ」

3）アプローチ

「売りたい！」という意識を出さず，「買物のお手伝いをする」「おもてなしをする」という気持ちで，タイミングを見計らって，さりげなく近寄りながら声をかける。

ポイントは，話す速さをお客さまの歩調に合わせることと，アプローチをするタイミングである。

◆ アプローチをするタイミング

・商品を手に取り，値札や商品タグを確認しているとき

・何度も同じ商品を見て，立ち止まっているとき

・商品を見ていて顔をあげたとき

・商品をいろいろな方向から確認しているとき

・お客さまと目が合ったとき

 "明るい声と笑顔でさりげなく自然に"
「よろしければお試しくださいませ」「何かお探しのものがございますか」
「よろしければお出ししましょうか」「お色違いもございますよ」

また，お客さまに，アプローチの声かけを無視された場合や怪訝な顔をされた場合は，しつこくならないよう自然に立ち去り，離れて様子を見守る。

4）商品の提示・説明

お客さまに納得のうえお買い求めいただくために，取扱商品をよく研究し，商品知識を豊富にしておく必要がある。

・できるだけ自然に雑談などを交えながら，質問形式でお客さまのニーズを引き出していく。質問は，自由に答えやすい質問と，イエスかノーを答えればよい2種類の方法を使い分ける

・瞬間的に商品の良さが理解できるように，アピールポイントを絞って説明する

・お勧めする商品を印象づける効果的な説明方法として，「悪いところ」→「良いところ」の順で伝えることにより，販売担当者に対する好印象と信頼が生まれる

"ニーズを引き出すための目的別質問"

「お仕事用でございますか」「ご旅行にお出かけですか？」（目的など）

「明るい色がよろしいでしょうか」「落ち着いた柄がよろしいでしょうか」

「ご家庭でお洗濯できるものがよろしいでしょうか」（趣味・趣向）

「これは今年流行するデザイン（色）なのですよ」（商品の特徴）

「値段は少しお高いですが，流行に左右されないデザインと素材の良さで，永く身につけていただける商品です」（悪い点→良い点の順に説明する）

5）クロージング

　クロージングとは，「商談をまとめて契約を締結すること」をいい，アパレルやファッション雑貨などの販売では，「商品が決まり，包装して，精算し，お見送りするまで」の一連の業務をいう。

　お客さまの購入意欲を決定づけるクロージング話法とそのポイントを学び，お客さまに好印象を与えて，購入や次回の来店につなげるように心がける。

◆ クロージング話法

- ・他社の商品と比較して，その良さを明確に伝える。その際，他社商品の悪口を言わないことと，商品の希少性を訴えることが大切
- ・お客さまが同じ質問をされたり，細かい部分を気にされたり，念を押されたりする言葉が多くなるときは，購入直前と認識し，急がず，ゆっくりつきあう気持ちで応対する
- ・2つの商品で迷われたときは客観的な意見を伝え，決定を促してみる。あれこれと目移りされているときは，笑顔でアドバイスを行う
- ・同行された方にご意見を伺う
- ・高価な商品に関しては，クレジットカードや分割払いなど，支払い方法についてもお伝えする

 "喜ばれ，感謝されるお勧め上手"

「こちらのほうがデザインがしゃれていて，よくお似合いだと思います」

「この商品は，当店のオリジナルです」

「流行に左右されず，永くお召しいただけると思いますよ」

「こちらでしたら，どのようなときにもお召しいただけます」

「カードでのお支払いもご利用いただけます」

◆ お見送り

最後まで気を抜くことなく，気持ちよくお見送りし，リピーターにつなげる。

・お買い上げいただいた商品を両手で持ち，お見送りする場所（出口）まで付き添う

・お客さまと視線を合わせ，さわやかな笑顔と深いおじぎで，心から最後の挨拶をする

"最後まで丁寧に，感じよく"

「お忘れものはございませんでしょうか」

「ありがとうございました。またどうぞお越しくださいませ」

（2）飲食・食品業界

レストラン・カフェ・居酒屋での飲食サービスや，店頭での食品販売など，飲食・食品業界の接客は，直接口に入れる商品を扱うという特性から，ほかの接客サービス業種と比べ，衛生管理の強い意識と知識，身だしなみへの細かい配慮が必要となる。

また，近年，外国からの訪日旅行者（インバウンド）やアレルギーをもつお客さま，SNS（ソーシャルネットワーキングサービス，Social Networking Service の略）を利用するお客さまの増加など，新たな対応が求められている。これらの飲食・食品業界における接客のポイントについて確認しておこう。

1）基本のポイント

・基本的な手順は，［待機・お迎え→アプローチ→メニュー提示・商品説明→クロージング（注文決定・配膳・商品包装）→金銭授受→お見送り］である

・待機時は，お客さまに商品・メニュー提案やサービスを提供しやすいように，少しゆとりをもった距離と，ゆったりとした雰囲気で見守る

・食品販売は，「ギフト」「自宅用」「飲食」とニーズがはっきりとしているので，お客さまの動きを観察して応対すると，比較的お客さまのニーズが把握しやすい

・飲食サービスのアプローチは，席へのご案内である。席に対する要望を伺い，満席の場合はその状況をお伝えし，順番どおり案内する

・飲食店のサービスでは，食べ物や飲み物に息がかからないようにし，テーブルに置くときには丁寧に音を立てないようにする。また，料理を出した後に，手の平を上に向け，指を軽く揃えた状態で，「どうぞお召し上がりくださいませ」と言う間をつくることで，洗練された印象を与えることができる

2）異文化の外国の方への対応

　訪日外国人の急激な増加により，飲食業界でも異文化への配慮と対応が求められている。食文化や宗教上の問題，倫理上の問題等で食生活が異なるため，さまざまな配慮や手配が必要である。たとえば，メニューを英語や中国語などの主要言語で作成したり，材料や調理方法などを翻訳したものを載せるなど内容や特性への理解を図り，日本の食文化を楽しんでいただけるように努めたい。

3）アレルギーの方への対応

　近年，アレルギーをもつ人の数が増える傾向にある。なかには，緊急の対応を要するアナフィラキシーショック[13]を起こす場合もあり，生命の危機に及ぶことがある。お客さまの安全を最優先に考えたサービスを提供するために，予約や注文を受ける際には，アレルギーの有無を確認することも大切である。このとき，アレルギーの申し出があったお客さまにはメニューの変更など，対応できる範囲を説明する。また，対応できない場合には，その旨を正確にお客さまに伝えるようにする。

4）SNS 等インターネット利用での予約の対応

　現在，さまざまな業界で「ネット予約」が導入されている。特に，大手グルメサイトが展開する SNS[14] におけるネット予約を積極的に導入する店舗が増えている。

　ネット予約は，お客さまが気軽に予約を入れることが可能なことから集客につながることに加え，従来の電話予約に比べ，リアルタイムでの対応を必要としないことや予約台帳への記入が不要なことなど，業務の効率化を図れるというメリットがある。その反面，急な予約キャンセルやノーショー（No Show）[15] などの課題が発生している。

 "愛想と愛嬌のある話し方と態度で"

「いらっしゃいませ。ようこそ」

「ご進物でしょうか」「ご自宅用でしょうか」「ご予算は……」

「お一人さまでしょうか」「煙草はお吸いでしょうか」

「ただ今，あいにく満席でございます。お時間はよろしいでしょうか」

「食物アレルギーなどはございませんでしょうか？」

「当店の名物料理（商品）は……」「本日のお勧め料理（商品）は……」

13：食事や薬剤投与などが原因で，じんましん・呼吸困難・下痢・低血圧などが起こり生命の危険をともなうもの
14：交友関係を構築する会員制 Web サービスのひとつ。フェイスブックやツイッターなど
15：予約をした人が，キャンセルの連絡もないまま現れないこと。無断キャンセル

「ご注文のお料理（お品）がお決まりになりましたら，お呼びくださいませ」
「熱いのでお気をつけくださいませ」
「では，ごゆっくりお楽しみくださいませ」

（3）カウンター業務

　旅行会社・ブライダルなどの相談業務，ホテルのフロント，劇場・インフォメーションなどの受付や案内，また，病院・医院など医療業界の応対など，カウンター越しに人と接する業務の場合は，次のことに気をつけたい。

・相手の方の立場に立った親切・丁寧で誠実な応対をする
・好感をもっていただける，愛想のある態度・言葉・話し方を心がける
・いつも柔らかな明るく愛嬌のある表情と雰囲気で迎え，話しやすい雰囲気をつくる
・場面に合わせた声の大きさ・抑揚やスピードを考えて応対する
・相手の方を見下ろす姿勢をとらないようする。また，15度の前傾姿勢や目の高さを合わせるなど，謙虚な姿勢で応対する
・迅速・正確を心がけ，手際良く，テキパキと応対する
・順番を間違えないように，公平・迅速な応対をする
・要望に応えられないときは，「ない・できない・わからない」などの否定的な言葉を避け，代案や情報提供をするなど，前向きな対応を工夫する
・心に届く気配り・気遣いをし，わかりやすい言葉で優しく声をかける。特に，ご年配の方には，視力や聴力の衰えに配慮し，言葉や書類の文字などがはっきりと伝わるように，ゆったりとした気持ちと動作で応対する
・医療関係の応対では，言葉・態度には特に心配りが必要である。常に優しさと温かさ，いたわりの心で応対することが必要である

トーク　"笑顔と笑声，親切・温和な心で応対を"

「いらっしゃいませ。お待ちいたしておりました」
「いつもごひいきに預かり，ありがとうございます」
「お気づきの点は，何なりとお申し付けくださいませ」
「いってらっしゃいませ。どうぞお気をつけて……」
「お連れさまは，どのようなものがご希望でしょうか」
「それはいたしかねますが，代わりにこのようなことはいかがでしょうか」
「今日はいかがなさいましたか」「どうぞ，お大事になさってくださいませ」

（4） 金銭授受

　業務の締めくくりである金銭授受の応対は，お金に関わるという点で非常に重要であり，リピーターにつながる大切な場面でもある。接客の最後に気分を害されることのないよう，ポイントをしっかりと押さえた対応が重要である。

1） 金銭授受の手順
・金銭授受の際は，相手の方の目の前で声に出して行い，商品・包装袋・現金・クレジットカードなどは，いずれも両手で丁寧に扱う
・釣り銭の紙幣は，表面を上に向きを揃えて両手で取り扱う。また，釣り銭は，できるだけ新しい紙幣を用意しておく
・お客さま・患者さまが，釣り銭やレシートを納められてから，物品を渡す

 "視線を合わせて，声に出して正確に，丁寧に"

　「ありがとうございます。税込みで 16,500 円でございます」
　「20,000 円お預かりいたします」
　「3,500 円のお返しでございます。お確かめくださいませ」
　「ありがとうございました。またのお越しをお待ちしております」
　「お気をつけて」「お大事に」

2） クレジットカードの取り扱いの手順
・カードを両手で受け取る
・カードの有効期限，サインを確認する
・処理をし，伝票用紙にサインか端末に暗証番号を入力していただく。その際，まず購入合計金額を口頭で確認し，次に，支払い条件（分割など）を口頭で確認する
・カードの向きを整え，控えとともにお渡しする

"確認と復唱の徹底"

「ありがとうございます。カードをお預かりできますでしょうか」

「おそれいります。こちらにサインをお願いいたします」

「ありがとうございました。カードとお控えでございます」

（5） リピーターへの応対

リピーターは，企業・店舗の財産である。末永くご利用いただけるよう，感謝の気持ちを込めて丁重に応対する。次は，そのポイントである。

・顧客台帳を作成し，個別情報（購入歴，サイズ，好み，趣味，前回の来店日・会話内容，家族構成など）を，スタッフ全員で共有する

・一人ひとりを名前でお呼びする

・前回購入いただいた商品や対応の感想などを伺う

・好みや前回の会話内容などを記録し，記憶しておく

 "プラスアルファの言葉と行動で，ファンにする"

「いらっしゃいませ。○○様，いつもありがとうございます」

「先日お買い求めいただきました○○はいかがでしたでしょうか」

「○○がお好きだとおっしゃっておられましたね」

「先日のご旅行，いかがでしたか」

「お母さまはその後いかがですか」

（6） 主な商業用語と接客英語

商業用語を正確に覚えることは，サービス業の仕組みを理解する第一歩ともなる。

また，増加する訪日外国人（インバウンド）のお客さまに応対するために，英語での簡単な接客用語を覚えておきたい。

次は，主な商業用語と接客英語である。

表5-2　主な商業用語

商業用語（読み方）	意味
上客（じょうきゃく）	商売上の大切なお客さまのこと
屋号（やごう）	商店の呼び名（店の名前）
一見の客（いちげんのきゃく）	なじみでなく，初めての客
暖簾を下ろす（のれんをおろす）	店が商売をやめること。「店を畳む」と同じ意味
暖簾分け（のれんわけ）	長年勤務した店から屋号を分けてもらい，独立すること
看板倒れ（かんばんだおれ）	見かけだけは立派だが，中身がそれに伴わないこと
閑古鳥が鳴く（かんこどりがなく）	店などに客が入らず，暇な様子のこと
書き入れ時（かきいれどき）	商売が繁盛している時
左前（ひだりまえ）	商売などがうまくいかなくなること。左向きともいう
掛け売り（かけうり）	品物を先に渡し，代金は一定期日に受け取る売り方
棚卸し（たなおろし）	商品などの在庫数量を調べること
廉価（れんか）	安い値段のこと
正価（せいか）	掛け値なしの値段のこと
時価（じか）	その時の値段のこと
買回り品（かいまわりひん）	品質，価格などを比較検討しながら買う品のこと
先物買い（さきものがい）	先を見込んで，将来どうなるかわからない物を買うこと
端境期（はざかいき）	前年産と今年産の産物の，出回りの替わり目のこと
物日（ものび）	祭日や特別な行事が行われる日
内覧会（ないらんかい）	一般公開前に，招待した客だけに新製品を紹介すること
二八（にっぱち）	二月と八月のことで，商売が振るわないとされている
五十日（ごとび・ごとおび）	五と十のつく日。支払日等にあたることが多く，多忙になり交通渋滞がおきる

表5-3　主な接客英語

英語フレーズ	日本語訳
May I help you?	いらっしゃいませ／ご用件を伺います
Please take your time.	ごゆっくりご覧ください
Would you like to try this on?	試着されますか？
How is it?	いかがですか？
May I take your order?	ご注文はお決まりでしょうか
Is that all?	以上でよろしいでしょうか？
Sure thing.	かしこまりました
How would you like to pay?	お支払い方法はいかがなさいますか？
Your total is 3,240 yen.	合計 3,240 円でございます
Here's your change.	お釣りでございます

3．クレーム対応

　近年，企業倫理の社会的要求の高まりと顧客満足経営の浸透により，クレーム対応の良し悪しは接客サービスの枠を超え，全社的な課題となっている。

　ここでは，クレーム対応の重要性を理解するとともに，クレーム対応のポイントを学んでいきたい。

（1）クレームとは

　クレームとは，主張・権利と訳される言葉であるが，接客・接患現場においては，主として商品や金額のほか，対応などが相手の方[16]の思いと異なったときに発生するものである。

　クレーム客には，いわゆるクレーマー（ただ単にクレームをつけたがる人）と，その企業・店舗，ブランドの愛好者などがいる。後者のクレームは，その企業・店舗，ブランドを大切に思うからこその貴重な意見であり，大切に受け止める姿勢が必要である。

　ただし，クレームを申し出る方はごく一部であり，不満があってもクレームを言わないまま離れていく方（サイレントクレーマー）が多いということも知っておかなければならない。

（2）クレーム対応の基本

　クレーム対応を間違えると社会的な信用を失う可能性もあり，大きな損失にもつながりかねない。一方でクレームは，普段表に出てこない，改善するべき情報が得られるチャンスでもある。処理の仕方次第では，クレーム客を企業や店舗の強力な固定客やファンに変えることもでき，リピーターの獲得や企業ブランドの価値向上にもつながるといえる。このクレーム対応で大切なのは，初期の対応である。

　クレーム対応にあたる担当者は，常に相手の方の立場に立ち，当初から誠意ある対応と理性的な判断で，スピーディーに対応することが重要である。また，同じクレームを繰り返さないために，組織全体でクレーム情報を共有し，改善することも大切である。

16：クレームにはお客さま，患者さまをはじめ，さまざまな方が関係することから，本書では「相手の方」という表現
　　を用いる

1) クレーム対応の心構え

① 気分を害したことに対する謝罪手順

- ・心からの謝罪を，言葉と態度で表す
- ・担当者に代わる場合は，クレームの概要を説明しておく

② 落ち着きとスピード感のある対処

- ・感情的にならず，ゆとりをもって速やかに対応する
- ・相手の方の話を，相槌を打ちながら最後まで誠意をもって伺う
- ・話が一段落したところで，相手の方の話の内容を優先させつつ，不明な点を確認し，解決の糸口を見いだすように心がける
- ・クレーム内容が妥当であれ誤解であれ，ご意見・ご指摘を受けたことに対し，感謝の言葉を述べる

③ 責任者への速やかな報告

- ・自分だけで処理せずに，速やかに上司（責任者）に連絡して指示を仰ぐ
- ・クレーム内容，経過，結果等の報告書を作成する

④ クレーム情報の共有

- ・クレームを組織全体のものとして，情報を共有する（報告・連絡・相談）
- ・クレームをマニュアル化し，研修する

2) クレーム処理の「三変の原則」とは

誠実にお詫びをしているにもかかわらず，納得が得られない場合は，人・場所・時を変えることが効果的とされている。雰囲気が変われば，相手の方の気持ちが鎮まることがあるからである。クレーム処理は，誠意のこもった態度で行うことがなにより大切である。

① 人を変える………専門の担当者・上司・責任者と交代する。ただし，最高責任者はすぐには応対しない方がよい

② 場所を変える……ほかの人の目・耳のない別室へ案内し，お茶などを出す

③ 時を変える………正確な処理をするために，その場での回答をせずに時を改める

3) 電話でのクレーム対応

- ・迅速に取り次ぎ，落ち着いた声で，恐縮した感じを出して話す
- ・担当者にクレーム内容を伝え，相手の方が繰り返して説明しなくてもよいようにする
- ・調べに時間がかかるときは，一旦電話を切り，改めてかけ直す
- ・「ご指摘いただきまして，ありがとうございます」など，感謝の言葉でしめくくる

第5章のポイント学習

1．次は，接客をするときにお客さまに対してとった行動である。正しい行動である場合は○を，誤っている場合は×をつけてみよう。

(1)　（　　　）　ご来店くださったお客さまに，「いらっしゃいませ」という挨拶と最敬礼の45度のおじぎでお迎えした。

(2)　（　　　）　ショーウィンドウ越しに商品をご覧になっているお客さまを見かけたら，すぐに入店を促し接客態勢に入れるよう，店の入口に立って待機している。

(3)　（　　　）　以前，商品をお買い求めいただいたお客さまが再来店なさったとき，そのお客さまをお名前でお呼びして応対した。

(4)　（　　　）　会計の場面で，クレジットカードを提示なさったお客さまに，先に伝票にサインをいただき，あとから商品をお渡しした。

(5)　（　　　）　お勧めする商品を印象づける効果的な説明方法として，「良いところ」→「悪いところ」の順でお伝えする。

2．次の文が正しい場合は○を，誤っている場合は×をつけてみよう。

(1)　（　　　）　接客担当者として身だしなみを整える際，各業種・業態に共通していることは「清潔感を意識する」ということである。

(2)　（　　　）　勤務先のアパレル販売店で制服がある場合，同僚と同じ着方をするのではなく，自分の個性を際立たせるようにおしゃれに着こなすべきである。

(3)　（　　　）　アパレルやファッション雑貨販売におけるクロージングとは，「商品が決まり，包装して，精算するまで」をいう。

(4)　（　　　）　一般公開前に，招待した客に新製品を紹介することを「先物買い」という。

(5)　（　　　）　商業用語で，「一見の客」は「なじみの客」という意味である。

(6)　（　　　）　クレーム処理の三原則は「謝罪する・場所を変える・人を変える」である。

(7)　（　　　）　クレーム電話で調べに時間がかかりそうなときは，あとからお客さまにかけ直してもらう。

(8)　（　　　）　「自然な笑顔」は接客応対の基本である。

(9)　（　　　）　気遣いの前傾姿勢の角度は「30度」である。

(10)　（　　　）　「ES」は「従業員満足度」の略称である。

第**1**章

文書実務

―― ビジネス文書 ――

　ビジネスの場でのコミュニケーションは，おもに口頭や電話，メールなどによって行われるが，内容や用途によっては，正式に文書化することが必要となる。このビジネス文書には一定の形式があり，その基本を身につけることは，職場や取引先とのコミュニケーションを円滑にするために重要なことである。

　また，ビジネスにおいては，情報や意思の「伝達」「共有」「記録」「証拠」を目的として，「文書主義」を中心に業務が行われている。正確・簡潔に加え，丁寧さを伝える心のこもったビジネス文書を書くことは，ビジネスの基本能力の一つといえよう。

1．社内文書

　社内文書は，部署間あるいは本支店間など，自社内で交わされる文書で，簡素化された共通の書式がある場合が多い。基本的には，儀礼的な要素は省略され，実用的で効率を重視したコミュニケーションの手段である。

（1）社内文書の種類

　社内文書は，業務上の連絡・指示・報告・提案・記録や保存のためのものであり，次のような種類がある。

指示・命令	通達書，稟議書，提案書，企画書
報告・届け出	報告書，上申書，届出書
連絡・伝達	通知書，照会書，回答書，案内書，回覧文書，伝言メモ
記録・保存	議事録，帳票類，統計データ

（2）社内文書の形式

　社内文書は，早く，正確に伝えることが重要であるため，丁寧さや礼儀よりも，簡潔さと，わかりやすさを第一に考えて作成する。

① 文書番号……発信部署の略称と，年度の初めからの通し番号をつける。発信後の確認・整理に利用するが，簡単なものは省略することもある

② 発信日付……一般的に元号を使用する。発信当日の日付を記載する

③ 受信者名……役職名のみとし，一般的には個人名はつけない

④ 発信者名……役職名のみとするが，特に重要な文書などは，氏名を記入し押印する

⑤ 件名……一見して内容が判断できる内容にし，後に種類をカッコ書きする

⑥ 本文……「です・ます」体を用い，結論・用件は簡潔に，詳細は箇条書きにする

⑦ 以上……文書の完結を示す

⑧ 担当者……発信者と直接の担当者は異なる場合が多いので，明確にしておく

① 　　総発第 2015 号

② 　令和○年 10 月 5 日

③ 　社員各位

④ 　総務部長

⑤ 　冬期休暇について（通達）

⑥ 　本年度の冬期休暇について，下記のとおり決定しましたので，お知らせします。

記

1．期間　　令和○年 12 月 27 日（金）～　令和○年 1 月 5 日（日）
2．手続　　休暇届は 12 月 20 日までに総務部に提出

⑦ 　以上

⑧ 　担当　総務課　加藤（内線 103）

図 1-1　社内文書

Let's Try 1

● 次の連絡のための社内文書を作ってみよう

文書番号：販通 2779 号
日　　付：令和○年 3 月 10 日
受信者：関係者全員
発信者：営業本部長
内　　容：販売会議開催について
日　　時：令和○年 3 月 20 日
場　　所：本社第 1 会議室
議　　題：① 本年度の販売目標
　　　　　② 販売促進についての提案・検討
　　　　　③ 新製品の説明
　　　　　④その他
発信者：営業部　山際（内線 567）

2．社外文書

　社外文書は，企業や団体などが外部に向けて発信する文書で，法律関係の特殊文書を除くと，商品の売買や商取引に伴う取引文書と，直接には取引を伴わない社交文書がある。社外文書は社外に向けて発信される文書であるため，用件を簡潔にまとめ，礼儀正しく丁寧で美しい文章にすることと，基本的なルールをふまえて作成することが必要である。この社外文書が，ビジネス文書の基本となっている。

（1）社外文書の種類

　社外文書には次のような種類があり，儀礼的な要素を伴う表現と形式を基本とする。

取引文書	通知状・案内状・依頼状・契約書・照会状・申込書・注文書・回答書 請求書・苦情状・督促状・詫び状
社交文書	披露状・挨拶状・祝い状・招待状・紹介状・礼状・見舞い状・悔み状

（2）社外文書の形式

　社外文書の基本的な構成と書式は次のとおりである（図1-2）。

① 文書番号……文書の出所を明確にするため，発信部署名と年度始めからの連番を記載する

② 発信日付……一般的に元号で記載する。近年，西暦を使用することもある

③ 受信者名……会社名・役職名・氏名を，正式名称に敬称をつけて記載する

④ 発信者名……会社名・役職名・氏名を記載する。受信者と同格者とし，押印する

　押印の例：

　　・社印だけのとき　　　　　　　　　　　　高田産業株式会社　□

　　・社印と職印（社長印・部長印など）のとき　　東洋産業株式会社
　　　　　　　　　　　　　　　　　　　　　　取締役社長　林　浩司　○

　　・職印か個人印のとき　　　　　　　　　　総務部長　　清水　篤　○

⑤ 件名（標題）……内容が一見してわかる簡潔な見出しをつける。「○○について（ご案内）」のように，文書の種類を明確にするとわかりやすい

⑥ 前文……頭語に続き，時候・安否・感謝の挨拶を記載する。頭語を「前略」にする場合，挨拶は省略する

⑦ 主文……1字あけて，「さて」「早速ですが」などで始め，本題にはいる

⑧ 末文……1字あけて，「まずは」「取り急ぎ」などで始め，終わりの挨拶文と結語で締めくくる

⑨ 記……用件について，日時・場所・議題等の項目を，箇条書きで別記する

⑩ 追伸……本文に補足が必要な場合，「追伸」「付記」などで始め，簡潔に記す

⑪ 同封物……参考資料などを同封する場合は，内容とともに何通であるかを明記する

⑫ 以上……文書全体の終了を示す。記書きの最後の行か次の行に，右寄せで記入する

⑬ 担当者……問合せ先として，氏名・電話番号・Eメールアドレスを明記する

Let's Try **2**

● 社外文書を作成し，「5W3H」の各要素を確認してみよう

When	発信日，実施日，期限，開催日時，曜日，決済日など
Where	場所，会場住所，集合場所，届け先，受渡場所など
Who	発信者名，受信者名，対象者名，主催社名，招待者名など
What	件名，タイトルなど
Why	目的，根拠，企画，方針など
How	状況の説明，方針など
How many	数量，人数，注文量など
How much	予算，見積もり額，経費，費用など

① 　総発 3472

② 　令和○年 9 月 13 日

③ 取引先各位

④ 　村田産業株式会社

代表取締役社長　　村　田　　弘　㊞

⑤ 　ビジネスマナー研修会について（ご案内）

⑥ 拝啓　初秋の候，貴社ますますご隆盛のこととお喜び申し上げます。

平素は格別のお引き立てを賜り，誠にありがとうございます。

⑦ さて，このたび下記のとおりビジネスマナー研修会を実施いたします。皆様ふるってご参
加いただき，日頃の業務にぜひともお役立ていただければと存じます。ぜひご検討ください
ませ。

⑧ まずは略儀ながら書中をもって，ご案内申し上げます。

敬　具

⑨ 　記

1．日　　時　　　令和○年 10 月 1 日（金）9：00 〜 15：00

2．場　　所　　　弊社第 1 セミナー室

3．講　　師　　　池田雄二先生

4．内　　容　　　「ビジネスマナーの基本」

5．参 加 費　　　1 人 5,000 円

6．申 込 先　　　弊社総務部

⑩ 追　伸　研修会終了後，池田先生を囲む茶話会を予定しております。

ぜひご出席ください。

⑪ 同封物　1．会場地図

2．振込用紙

⑫ 　以　　上

⑬ 　担当　総務部　伊藤（内線 541）

E-mail: ito@ars2.co.jp

図 1-2　社外文書の書式

（3）社外文書の基本表現

1）宛名と敬称

敬称	受信者	例
御中	会社名・官公庁などの団体名・部署名に宛てる	藤野株式会社 販売部 御中
殿	職名に宛てる	営業課長 殿
各位	個人名を省略し，多数者に同文書を宛てる	お得意様 各位
様	個人名に宛てる	経理部長 森浩 様
先生	個人（恩師・医師・議員・芸術家）などに宛てる	山野圭司 先生

2）頭語と結語

文書の内容	頭語	結語
一般的な場合	拝啓	敬具
丁寧な場合	謹啓	敬白・謹白・敬具
前文省略の場合	前略・冠省	草々・不一
急ぐ場合	急啓	不一・草々
返信の場合	拝復	敬具

3）時候の挨拶

月	時候の挨拶
1月	新春の候／厳寒の候／酷寒のみぎり／寒さことのほか厳しき折から
2月	立春の候／余寒の候／残寒のみぎり／余寒なお厳しき折から
3月	早春の候／春暖の候／日増しに春めいてまいりました
4月	陽春の候／惜春の候／春たけなわの今日この頃
5月	新緑の候／薫風の候／風薫る季節となりました
6月	梅雨の候／麦秋の候／うっとうしい日が続きますが
7月	盛夏の候／酷暑の候／炎暑のみぎり／暑さ厳しき折から
8月	残暑の候／晩夏の候／残暑厳しい折から／暑さなお厳しい折から
9月	初秋の候／秋涼の候／さわやかな季節を迎え
10月	秋冷の候／中秋の候／灯火親しむ候
11月	晩秋の候／向寒の候／寒さが日毎に加わってまいりました
12月	初冬の候／師走の候／歳末の候／あわただしい歳末を迎え

4）安否の挨拶

貴社 貴店 貴行	ますます いよいよ におかれましては	ご繁栄 ご隆盛 ご発展	のことと の由 の段	お喜び申し上げます 大慶に存じます 何よりと存じます
貴殿 各位		ご健勝 ご清祥		

5）感謝の挨拶

平素は 毎々 日頃は	格別の 多大の 何かと	お引き立てに ご愛顧を ご高配を	預かり 賜り	まことに 厚く	ありがとうございます 御礼申し上げます

6）末文の挨拶

まずは	（略儀ながら）書中をもって 取り急ぎ ご報告かたがた	ご依頼 お詫び ご案内	申し上げます 申し上げます 申し上げます

7）社内・社外文書の慣用文例

連絡・通達	ご連絡申し上げます。通達いたします。周知願います
稟議・提案	表記の件につき，お伺いいたします
挨拶	これもひとえに皆様方のご支援・ご高配の賜物と深く感謝申し上げます。日頃は一方ならぬご厚情を賜り，誠にありがとうございます
結び	時節柄ご自愛のほど，お祈り申し上げます
断り	あしからずご了承くださいますよう，お願い申し上げます
案内・出席	ご多忙の折とは存じますが，万障お繰り合わせのうえ，ご臨席を賜りますよう，お願い申し上げます
追記	なお，ご出欠につきましてはEメール，または同封のハガキにてご回答くださいますよう，お願い申し上げます

（4）社交文書の作成

　社交文書は，社外とのコミュニケーションを円滑にするために欠かすことのできない文書である。一般の取引文書とは異なり，儀礼的な意味を重んじるため，失礼のないように一定の表現・形式に則り，格調のある文章で作成することが必要である。

　また，社交文書は，出すタイミングも重要であり，「早からず遅からず」を心がけたい。

◆　社交文書作成のポイント

　　・書式は，縦書きにする場合が多い

　　・文書番号を付けない

　　・礼状や見舞状，悔やみ状などは，手書きにすることが望ましい

　　・祝い状や挨拶状などでは，発信日付を「吉日」とする場合がある

　　・悔やみ状は，頭語・前文・結語を省略して，主文・末文のみを書く

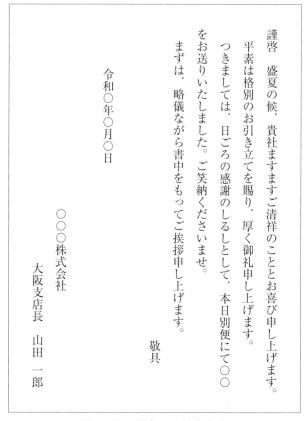

謹啓　盛夏の候，貴社ますますご清祥のこととお喜び申し上げます。

平素は格別のお引き立てを賜り，厚く御礼申し上げます。

つきましては，日ごろの感謝のしるしとして，本日別便にて○○をお送りいたしました。ご笑納くださいませ。

まずは，略儀ながら書中をもってご挨拶申し上げます。

敬具

令和○年○月○日

○○○株式会社

大阪支店長　山田　一郎

図1-3　縦書きの社交文書

3．文書・郵便物の取り扱い

　ビジネス文書の受信・発信時の取り扱いの基本ルールとマナー，ならびに郵便に関する基本的な知識を知っておくことが大切である。相手とのコミュニケーションをスムーズにし，より良い関係を築くための最適の方法を選択し，実行したいものである。これらの基本的な文書を扱う技術と知識は，オフィスワークに関わるうえでの，重要な能力である。

（1）受信文書の取り扱い

　受信する文書には，個人的な「私信」と，会社の業務に関係する「公信」があり，それぞれ業務上の処理方法が異なる。

1）開封してはいけない文書
・私信とわかる，差出人が個人名のもの
・社用封筒の会社名が2本線で消してあるもの
・業務用封書であるが書留のもの
・業務用封書であるが「親展」の表示があるもの

2）開封してもよい文書とその処理
・社名の入った公信，DM（ダイレクトメール）類は，開封して内容を確認し，封筒と文書をクリップで留める
・重要文書，速達文書を上にして上司に渡す
・こちらからの文書の返信であれば，往信文書のコピーを添付する
・請求書や見積書などは，金額の正誤をチェックする
・上司の指示がある場合，必要に応じてアンダーラインを引いたり，要点をメモする

（2）重要文書の取り扱い

　重要文書とは，機密文書・秘文書とも呼ばれ，業務上の重要事項が記載されている文書のことである。取り扱いについては十分に留意することが必要である。

1）社内での取り扱い

・机上で扱うとき……さりげなく裏返すか，引き出しの中に入れる

・席をはずすとき……引き出しの中に入れる

・持ち歩くとき……「秘」文書であるとわからないよう，無印封筒にいれる

・コピーをとるとき……人がいない時間や場所を選ぶ。必要部数以外はコピーをとらない。
　ミスコピーはシュレッダー（文書裁断機）にかける。原本は確実に持ち帰る

・他部署に渡すとき……文書受信簿に記録し，受領印をもらう

・配付するとき……文書に通し番号をつけ，配付先を記録しておく

・貸し出すとき……上司の許可を得る

・廃棄するとき……シュレッダーにかける

・ファイルするとき……一般の文書とは区別し，鍵のかかるキャビネットなどに入れる

2）社外への発送

・郵送準備……二重封筒にする。文書と内側の封筒に「秘」の印を押し，外側の封筒に
　「親展」と表示する

・郵送方法……簡易書留，または書留にする

・確認……できれば送る前に，受信者に電話で連絡しておく

・郵送後……文書発信簿に記録する

（3）郵便物の発送

　郵便物とは，郵便事業会社のサービスによって送り届けられるはがきや文書などのことをいう。ゆうメールやゆうパックなどの荷物運送サービスもあり，発送するものの種類によって，料金や送り方がそれぞれに異なる。内容物に見合った方法と，できる限り安い料金で送るための知識を身につけておかなければならない。

1）文書発信の基本

・発信文書は，「文書受け渡し簿」や，「発信簿」に記録する

・必要に応じてコピーを保管する

・「親展」「重要」「至急」などの脇づけは，明確に表示する

2）郵便の知識

◆ 通常郵便物

国内郵便の規定の第一種から第四種までの郵便物をさす。重さや大きさにより定形郵便と定形外郵便に分かれる。

◆ 小包郵便物

・ゆうパック（30kgまでの荷物，長さ・幅・厚さの合計1.7m以下の荷物）
・ゆうメール（3kgまでの荷物，冊子，カタログなどの印刷物，CD・DVDなど）
・レターパック（専用封筒でA4サイズ・4kgまで全国一律料金で，信書も送ることができる。差出に際してはポスト投函可）

◆ 特殊取扱郵便物

・書留（送達から到着までの過程が記録される。差し出しの際の申し出により，損害要償額の範囲内で実績額の賠償あり。重要書類や株券・商品券など）
・簡易書留（送達と到着時の情報のみが記録される。損害補償額は原則5万円まで。原稿など）
・現金書留（現金を送るとき専用の封筒を使用する書留。損害補償額50万円まで。硬貨や金封も可）
・内容証明（差し出した日付，差出人の住所・氏名，宛先の住所・氏名，文書の内容が証明される）
・速達（郵便を早く相手に届けたいときに指定する）
・配達日指定郵便（配達日を指定することができる）
・配達証明（書留郵便物を配達した事実が証明される）

◆ 大量郵便物

大量の郵便物を送る場合は，郵便物の窓口に直接持っていくことで，切手を貼る手間や手数料を省く方法がある。

料金別納郵便	料金後納郵便	料金受取人払
差出事業所名 料金別納郵便	差出局名 料金後納郵便	料金受取人払郵便 △△局承認 1 差出有効期限 令和××年□月 ○○日まで （切手不要）
同時に10通以上発送する場合	月に50通以上の郵便物を出す場合 1カ分の料金を翌月に一括払いする	返信用封筒100通以上配布の場合等あらかじめ郵便局の承認を受ける必要がある

4．電子メール

　最近では，ネットワークを利用したコミュニケーションツールとして，電子メールが急激に普及し，ビジネス上の連絡にも活用されるようになっている。いつでもどこからでも送信ボタンひとつで相手に届くメッセージとして，いまや電子メールは，ビジネスにおいて必要不可欠なものであるといえる。

　しかし，便利であるがゆえの危険性をはらんでいることは確かであり，重要データの流出など，セキュリティ上の重大事故を引き起こす場合もある。ビジネスにおける便利なITツールとして，電子メールを効率的に使いこなすために，基本的なルールやマナーを身につけておきたいものである。

（1）電子メールの構成

　電子メールは，伝えるべき内容を簡潔で的確な表現を用いて相手に届けなければならない。相手の活用度や機種など，パソコン環境を知ったうえでやりとりができれば理想的であるが，それが不可能な場合も多い。しかし，一般的な書式とルールを身につけておくことや相手の立場を考えて作成することは，すべてのビジネスシーンにおいて共通である。

◆ 宛先（TO）

　メールを送りたい相手のアドレスを正確に入力する。直接返信してもらいたい人以外に，複数のアドレスを入れた場合には，受信者にすべてのアドレスが表示される。

◆ CC（Carbon Copy　カーボンコピー）

　直接の送り手ではなく，宛先の人に向けて送るメール内容を把握してほしい別の人のアドレスを入れる。この場合，CCに含めた人の名前を本文の宛先にも明記しておく。

◆ BCC（Blind Carbon Copy　ブラインドカーボンコピー）

　ここに，入力されたメールアドレスは，受信者の一覧表示には表示されない。たとえば，招待メールなど，個人情報を伏せて複数の人に宛てた内容を送る場合に使う。

◆ 件名

　内容がおおよそ見当のつくように具体的に書く。件名が空欄になっていたり，ほかのメールと区別がつかない漠然とした表現は，迷惑メールとして扱われることになりかねない。

◆ 本文

　最初に名前に敬称をつけた宛名を書く。簡単な挨拶の言葉で始め，１行の文字数は 30 〜 35 字程度で改行する。要点・結論を先に書く，箇条書きにする，などの工夫を行う。

◆ 添付ファイル

　本文とは別に，独立した内容のものなどは添付ファイルとして送ることができる。ただし，専門性の高いソフトで作成した場合は，相手先が見ることができる環境が整っているか事前の確認が必要である。

◆ 署名

　本文の最後には必ず署名を入れる。メール以外による連絡方法がわかるように，社名，部署名，メールアドレス，住所，電話番号，FAX 番号など，連絡先を記す。また，業務用の携帯電話番号や携帯メールアドレスを含めるのもよい。

（２）電子メールの特徴

　電子メールを活用すれば，世界中の人と手軽にコミュニケーションをとることができるため，その特徴を見極め効果的に使いこなすことが，ビジネス上でも必要である。

◆ メリット

・時間を気にすることなく，いつでも送信できる
・同時に複数の宛先にメッセージを届けることができる
・送信，受信の記録が残る
・添付ファイルで，文書や画像を送ることができる
・通信費用が安い

◆ デメリット

・宛先に届かなかったり，届いていても相手が開いてくれないことがある
・受信側のパソコンにより，送信したとおりにデータが読み取れないことがある
・プリントアウトをしない場合，画面上だけでは文書に比べて読みにくい

（３）電子メールのマナー

　電子メールは，送信者と受信者が互いの時間や経費をかけることなく用件を済ませることのできる通信手段である。しかし，ルールやマナーを心得ず自己流のスタイルを貫くのは，相手に失礼であるのと同時に，本来の目的であるコミュニケーションが成立しない結

果ともなる。顔の見えない相手とやりとりを行う電子メールは，いろいろな課題はあるものの，現代人にとってビジネスの必需品であるといえる。

◆ メール文章のポイント

・長文は避けて，画面をスクロールしなくても読める程度の文にする
・挨拶は簡潔にする。頭語・結語，季節の挨拶などの必要はない
・読みやすくするため，段落や文のまとまりごとに1行を空ける
・返信メールに，相手のメールの引用を入れる場合は，必要最小限とする
・「1つのメールに1つの用件」を心がける
・緊急，重要な内容は，相手のメール活用度を確認して送る
・メールを受け取ったらなるべくすみやかに返事をする
・文字化けの原因となる「機種依存文字」は，できるだけ使わない

山崎産業

総務部　岸本　和也様

いつも大変お世話になっております。
早速ですが，ご依頼の見積書を添付ファイルにてお届けいたします。
ご査収の程よろしくお願いいたします。

取り急ぎ用件のみにて。

==
株式会社　アート企画 営業部

清水　昭二

E-mail: syouji-s@artcom.co.jp

〒107-0062　東京都港区南青山9-9

電話　03-3351-○○○○　　FAX　03-3351-○○○○

http://www.artcom.co.jp
==

図1-4　電子メールの文面例

第1章のポイント学習

1．次の表現を，文書にふさわしい言葉に変えてみよう。

　⑴　お教えください……………………………（　　　　　　　　　　　）

　⑵　そういうふうにお伝えしましたら……（　　　　　　　　　　　）

　⑶　ごめんなさい………………………………（　　　　　　　　　　　）

　⑷　少しでございますが………………………（　　　　　　　　　　　）

　⑸　いろいろお考えくださって……………（　　　　　　　　　　　）

　⑹　受け取りました……………………………（　　　　　　　　　　　）

　⑺　読ませていただきました………………（　　　　　　　　　　　）

　⑻　となったのです……………………………（　　　　　　　　　　　）

　⑼　お待ちしています…………………………（　　　　　　　　　　　）

　⑽　お知らせとお願いをいたします………（　　　　　　　　　　　）

　⑾　お調べのうえお受け取りください……（　　　　　　　　　　　）

　⑿　言いにくいのですが………………………（　　　　　　　　　　　）

　⒀　～のときには………………………………（　　　　　　　　　　　）

　⒁　お忙しいところをすみませんが………（　　　　　　　　　　　）

　⒂　～するつもりです…………………………（　　　　　　　　　　　）

2．次の表現を電子メールの件名として，具体的な内容をイメージした適切な言葉に変え
　てみよう。

　⑴　ご報告します………………………………（　　　　　　　　　　　）

　⑵　お礼……………………………………………（　　　　　　　　　　　）

　⑶　お知らせ………………………………………（　　　　　　　　　　　）

　⑷　お問い合わせの件…………………………（　　　　　　　　　　　）

　⑸　会議について………………………………（　　　　　　　　　　　）

第**2**章

文書実務

——— ファイリング ———

　オフィス運営には，必要な書類がすぐに取り出せる効率の良い文書管理が求められる。IoT 時代となった現在，パソコンによる文書管理が主流となり，ペーパーレスの時代になったといわれているが，手作業で行うファイリングと基本的概念は同じである。

　ここでは，ファイリングについての基本的な事柄を理解していこう。

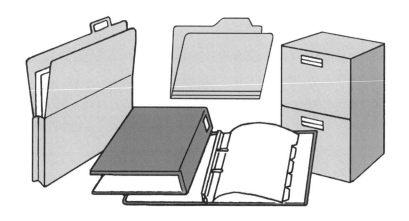

1．ファイリングとは

　ファイリングとは，誰もが，必要な書類を，必要なときに，速やかに，検索・活用できるようにするためのシステムである。

（1）文書のまとめ方とファイリング

　文書を必要に応じていつでも利用できるようにしておくことは，事務能率を高めるうえで大切なことである。そのために，ここでは①ファイリングの過程と，②文書のまとめ方について理解する。

1）ファイリングの過程

　文書には，下図のように文書のライフサイクルがある。このライフサイクルの管理プロセス全般を指す言葉が，レコード・マネジメントであり，ライフサイクル中，文書を分類保管し，保存・廃棄・リサイクルの部分を，ファイリングシステムという。

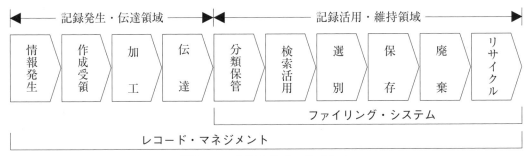

図2-1　文書のライフサイクル

2）文書のまとめ方

　文書をまとめる際の原則は，「よく一緒に使う書類は，同じファイル類に入れる」ということである。まとめ方としては，次のような整理法がある。

◆　相手先別整理

　「誰から届いたものか」「誰に出したものか」など，「誰に」に視点をおいてまとめる方法。会社名・個人名・部門名・業種名など，相手先ごとにまとめる。

　手紙のような通信文書・病院のカルテ・人事に関する個人データなどのまとめ方として

最適である。「五十音順」「アルファベット順」などの方法がある。

◆ 主題別整理

　「何が書かれているか」の「何が」に主眼をおいて，そのテーマ別にまとめる方法。カタログや文献など，「内容・テーマ」が問題になる場合の整理に用いる。

◆ 標題別整理

　「見積書」「発注書」「請求書」などの伝票や，「商品別売上月報」のような帳票化した報告書など，その「標題をタイトル」としてまとめる方法。

◆ 一件別整理

　工事・行事などの文書を，「発生から完了まで」を一つにまとめてファイルする方法。たとえば，新製品開発プロジェクトという業務についての企画書や予算書，市場調査，議事録，報告書など，新製品が開発されるにいたるまでの関連書類をひとまとめにする。

◆ 形式別整理

　「通達文」「挨拶状」「年賀状」「悔やみ状」など，「文書の形式」をタイトルとしてまとめる方法。

（2）ファイリングの方法

　ファイリングの方法は，使用目的によって選択すると効率よくファイリングすることができる。主なファイリングの方法には，以下の3種類がある。

1）バインダー式

　紙かプラスチック製で，中にとじ具の付いている書類挟み（フラットファイル・レターファイル・バインダー）を利用して，文書をとじ，書棚に立てて並べて整理する方法。紛失しにくく，重要書類や長期保存に向いているが，穴を開けたり，ファイル内の文書を貸し出すときにとじ具をはずす必要があるなど，手間がかかる欠点がある。

2）バーチカルファイリング

　書類をとじないでフォルダーに挟み，キャビネットの引き出しに立てて並べる。書類に穴を開けずにすみ，とじる手間が省け，文書の取りだしが便利，などの利点がある。

3）ボックスファイリング

　文書をフォルダーに入れたものをグループごとにまとめて，ファイルボックスに入れ，

書棚や机上に立てて整理・保管する方法。手軽で持ち運びに便利で，廃棄も簡単。しかもツール（道具）が安いことから，最近はこの方法を用いているところが多い。

（3）ファイリングの用具

　ファイリングを行うときに用いる道具には，小さな文具から大きな家具までさまざまなものがある。以下はその主なものである。

①とじ具

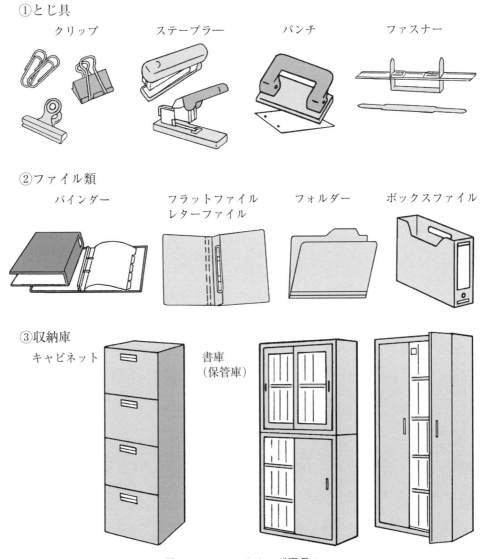

クリップ　　ステープラー　　パンチ　　ファスナー

②ファイル類

バインダー　　フラットファイル　　フォルダー　　ボックスファイル
　　　　　　　レターファイル

③収納庫

キャビネット　　書庫（保管庫）

図2-2　ファイリング用具 I

④フォルダー関係

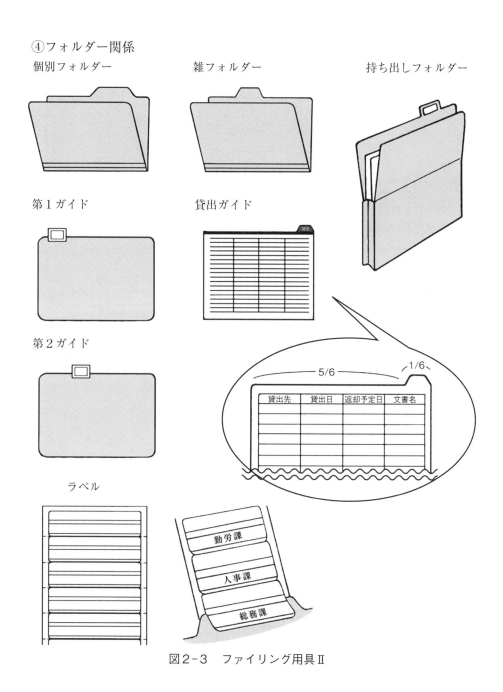

図2-3　ファイリング用具Ⅱ

（4）保管と保存

　文書の使用頻度は，時間の経過とともに急速に低下し，作成後1年以上経過した文書は，ほとんど使用しなくなる。そこでオフィスでは，キャビネットに2年間は保管し，それ以

上保存する必要のある文書は，地下室もしくは倉庫などの書架に整理・保存している。

　キャビネットの上段を現年度文書用，下段を前年度文書用として使用し，年度末には現年度分を下段へ移動（移しかえ）し，下段にあった前年度文書のうち，不要なものは廃棄，必要なものは書庫に移動（置きかえ）し，保存年限満了まで保存する（表2-1）。

表2-1　主な文書の法定保存年限

永久保存	・定款・株主総会議事録・株主名簿など ・社規社則・労働組合との協定書など ・従業員履歴書・役員名簿など	商法
10年保存	・商業帳簿及び営業に関係する重要書類 　貸借対照表・損益計算書・営業報告書など	商法
7年保存	・取引に関する帳簿 　仕訳帳・固定資産台帳・手形台帳・有価証券台帳・売上帳など ・決算に関し作成される書類 　棚卸表・製造成績・製造実績	法人税法
5年保存	・一般健康診断票 ・棚卸資産の引渡し・受入れに際して作成された書類	労働安全衛生法 法人税法
3年保存	・労働者名簿 ・雇用・解雇・退職に関する書類	労働基準法
2年保存	・雇用保険に関する書類	雇用保険法

出典：佐々木玲子監修『事例に学ぶ事務・文書』東京法令出版，2009，p.90.

2．資料のファイリング

　オフィスで整理しておくべき資料類は，種類も形式も多種多様であるが，ここでは，そのうちの名刺とカタログのファイリングについて学習する。

（1）名刺の整理

　名刺は，大切な取引先の情報源となるため，受け取ったら「日付」「用件」「その人の特徴」をメモし，整理しておく。また，いつも最新の状態であるよう，住所や肩書きの変更があれば，すぐに赤ペンで訂正する。名刺は，情報管理の点からも確実な管理をすることが重要である。

1）名刺整理簿

　名刺ホルダー式，アルバム式で整理する方法である。1枚の台紙に数枚入れることができるので，一覧性があって便利であるが，差し換えなどの管理に手間がかかる。比較的少量の整理に適している。

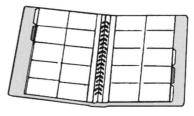

名刺整理簿

2）名刺整理箱

　細長い箱の中にガイドを立てて，名刺をそのまま垂直に入れて整理する方法である。名刺の数が多い場合，この方法が便利である。

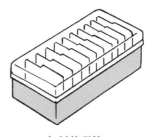

名刺整理箱

3）パソコン管理

　増減・訂正が簡単にできる点や，検索も早いなどの利点がある。ただし，個人情報の管理には十分な注意が必要である。また，バックアップをとることや会社全体でのシステムを構築することが求められる。

（2）カタログの整理

　カタログには，全製品が掲載されている総合カタログと，特定の製品が詳細に掲載されている単品カタログがある。総合カタログは「相手先別」に，単品カタログは「主題別」に分類すると探しやすい。また，薄いカタログやパンフレットなどは，ハンギング・フォルダーに入れて整理することが多い。なお，カタログ類は年に1回は点検し，不要なものを処分する。あるいは，新しいものが入った時点で，古いものを処分する。カタログに，その会社の担当者，地域の営業所の電話番号などを記しておくと便利である。

第2章のポイント学習

1. 次の文が正しい場合は○を，誤っている場合は×をつけ，正しい文に訂正してみよう。

(1) （　　）文書のライフサイクル中，分類保管し，保存，廃棄，リサイクルの部分を
ファイリングシステムという。

(2) （　　）バーチカルファイリングとは，書類をとじて書棚に立て並べて整理する方
法である。

(3) （　　）カタログは，主題別整理が最も適している。

(4) （　　）発生から完了まで，まとめてファイルする方法を形式別整理という。

(5) （　　）フォルダーとは，厚紙を二つ折りにした紙挟みのことである。

(6) （　　）収納庫には，キャビネットと書庫（保管庫）などがある。

(7) （　　）文書は時間の経過とともに使用頻度が下がる。そのために地下室や倉庫な
どに整理，保管することを移しかえという。

(8) （　　）名刺は大切なものなので，何も記入せずに整理するのがよい。

(9) （　　）数百枚の名刺を整理するときは，名刺整理簿が適している。

(10) （　　）総合カタログは「相手先別整理」に，単品カタログは「主題別整理」に分
類すると探しやすい。

2. 次のことばの組み合わせで，正しい場合には○を，誤っている場合には×をつけ，正
しい文に訂正してみよう。

(1) （　　）穴あけ器＝ステープラー

(2) （　　）通信文書＝相手先別整理

(3) （　　）あいさつ状，年賀状＝標題別整理

(4) （　　）バーチカルファイリング＝キャビネット

(5) （　　）バインダー式＝フラット（レター）ファイル

(6) （　　）名刺整理簿＝アルバム式

(7) （　　）ハンギングフォルダー＝カタログ整理

第**3**章

交際業務

—— 社会人としての交際マナー ——

　私たちは，ビジネスはもとより，家庭・地域・友人・その他の多様な人びとと豊かな人間関係を築きながら生きていきたいと願っている。そのためには，人生で遭遇する喜びや悲しみ，感謝やお詫びなどの気持ちを伝えるための交際マナーを身につけなければならない。なぜなら，長い歴史と伝統のなかで培われてきたものであり，時代とともに変化はしてきているが，底辺に流れる精神は，大きく変わることのない日本人の心であり，文化だからである。

　一方，社会は今後ますますグローバル化が進み，異なる文化をもつ人びとと共に働き，暮らす社会になっていく。私たちは，日本の文化を身につけると同時に，相手の文化を大切なものとして理解し，受けとめる姿勢も求められていくだろう。

　この章では，人と人との交際における大切な「相手を思う心」を表す，交際のマナーについて学んでいこう。

1. 冠婚葬祭と行事

　日本では，古来から生活に密着したさまざまな儀式が継承されてきた。なかでも，人生の節目における行事として代表的なものが，冠婚葬祭である。冠婚葬祭の意味や精神・行動様式は，地域や立場によって多少異なるが，基本的には通じあうものがある。

（1）冠婚葬祭とは

　冠婚葬祭の「冠」とは，現在の成人式にあたるものである。社会的に独り立ちした人間に成長したことを自他ともに自覚する機会といえる。「婚」とは，婚礼のこと。「葬」とは，死者を弔う葬儀のこと。「祭」とは，先祖の霊を敬い祀る祭祀・法要のことである。しかし，現在ではそのほかにも幅広い意味で用いられ，年中行事となっている節句や地域の祭でも使われている。

　いずれの場合にも，当人はもちろん，関係する周囲の人びとの心や状況に気を配り，行き届いた言葉や行動が求められる。とくに，業務として行うときには，前例や地域の慣習などを調べたうえで対応することが求められる。

（2）慶事とは

　「冠」「婚」をはじめとする祝い事や喜び事の慶事を祝儀といい，慶事に贈る金品のことも祝儀ともいう。慶事には，結婚・出産・入園・入学・卒業・成人式・就職や就任・栄転，新築・開店，受賞（章）をはじめ，長寿を祝う賀寿など，さまざまなものがある。

　関係者の慶事の情報を得たときには，祝いや喜びの気持ちを表すために，会食やプレゼントを計画し，心からの祝いを伝えたいものである。このような「おつきあい」を行うことがスムーズな人間関係を築き，キャリアを積んでいくための一つの方法にもなるのである。

1）結婚
　慶事のなかでも最も多いのが「結婚」である。身内や友人などの個人的な場合と，上司が披露宴に招かれた場合などの業務としての対応がある。いずれも，相手の希望にそう祝いの金品や祝電などの手配を，タイムリーに，心をこめて行いたい。

◆ 服装

　女性の服装は，和服・洋服を問わず，祝いの席にふさわしい華やいだ雰囲気のものを選ぶ。近年，黒いドレスが人気とのことだが，友人席が黒ばかりというのは避けたいものである。ただし，白は花嫁の色とされているので控えるほうがよい。男性はダークスーツや略礼服などが一般的である。カジュアルな結婚式や二次会などの招待状のドレスコードに「平服」とある場合は，フォーマル過ぎず，少し改まった程度のスーツやワンピースなどが適している。

　また，上司の家族や同僚・友人から結婚式の受付を依頼されたときには，快く引き受けるとともに，祝儀はしっかりと管理するように心がける。その場合の女性の服装は，アンサンブルスーツやワンピースなどにアクセサリーをつけるなど，華やかな中にも少し事務的な感があるものがよく，男性は参列者同様の，ダークスーツや略礼服が一般的である。

◆ 祝いのタイミングと内容

　祝いを現金にする場合，最近では式当日に受付で現金を入れた金封を「おめでとうございます」の言葉を添えて渡すことが多い。式に参列しない場合は金封に入れて本人に手渡したり，遠方の場合は手紙を添えて現金書留で郵送する。品物の場合は，少なくとも式の1週間前までに届ける。また，式場以外に祝儀の金品を届ける場合は，可能な限り吉日の午前中が望ましいとされている。この場合の吉日とは，大安・友引・先勝をいう。

　一方，いただいた結婚祝いに対する返礼は，地域や相手との関係などによって異なる。一般的に披露宴に招待した場合は，披露宴での会食や引出物が返礼となる。そのほかの場合は，表書きに二人の名前を書き，いただいた祝いの半額程度の品物を返すのが礼儀とされている。また，親戚や近所には旅行土産などを持ち，お礼の挨拶に行くと丁寧である。

■ 忌み言葉・重ね言葉

　縁起かつぎやイメージなどによって，避けるのがよいといわれている言葉。
　　・結婚：去る，帰る，切る，戻る，別れる，割れる
　　・葬儀：重ねがさね，たびたび，かえすがえす
　　・新築：倒れる，燃える，傾く

2）賀寿

　「賀寿」は，中国伝来の長寿を祝う「年祝い」である。家族はもとより，仕事や人生の先輩への感謝と敬意を表し，ますますの健康と活躍を願うのである。以前は数え年で行っ

ていたが，最近は一般的に満年齢で行われ，その名称は表3-1のとおりである。

　ただし，還暦の60歳は現役で活躍されている方も多く，若々しい日々を送られているため，長寿祝いとしてではなく，別の形での計画をする場合もある。

表3-1　賀寿の名称

名称	年齢	意味・理由
還暦	60歳	60歳で干支が一巡し，生まれた年の干支に戻ることから
古希	70歳	中国盛唐期の詩人杜甫の「人生七十古来稀なり」から
喜寿	77歳	「喜ぶ」の字の草書体「㐂」が七十七と読めることから
傘寿	80歳	「傘」の字の略字「仐」が八十と読めることから
米寿	88歳	「米」の字を分解すると八十八となることから
卒寿	90歳	「卒」の字の略字「卆」が九十と読めることから
白寿	99歳	「百」の字から一を引くと「白」となることから
百寿	100歳	1世紀が100年から「紀寿」ともいう

3）新規祝

　創設・新築・新規オープン・落成など，新しい門出を祝い，披露することで，景気づけや人脈の拡大・確認を行うものである。できるだけ多くの人が出席しやすい日時を設定する。企業の場合，パーティー形式で行い「内祝」「記念品」を返礼として用意すると宣伝効果も図れる。招待されたら応援する心で，できるだけ出席するように日程を調整する。祝いは，品物なら前日までに，花などは当日の朝までに届け，現金は当日持参する。

4）そのほかの慶事

　入園・入学・卒業や，成人式・就職は，子どもの成長や社会への参加などを応援する意味で，身内やごく親しい人びとのみで行うものである。心を込めて，喜びとともに実用的な祝いを贈るが，返礼は不要である。本人のお礼の言葉や手紙が何よりの返礼となる。

　業務上のそのほかの慶事としては，昇進・栄転・定年退職や，就任・受賞（章）がある。就任・受賞（章）の情報を得たら，できるだけ早く直接電話や訪問をしたり，祝電を打つなど，相手への関心と祝う気持ちをストレートに伝えるとよい。

　祝いを贈る場合は，花は会場へ，現金なら当日受付で，品物なら自宅へ送る手配をする。ただし，会費制の祝賀会に出席する場合は，祝いの金品は不要である。出席が祝いとなる。

　なお，返礼は，半額程度のものに「〜記念」の文字と日付を記入したものを用意する。

5) 胸章

　式典やパーティーで，主催者や来賓者の胸につけるバラを「胸章」という。この胸章のバラの色は，主催者側が白，来賓者側が赤をつけるのが，近年主流となっている。また，上位者ほど大きい形のバラを用意する。なお，喪章としての黒い胸章もある。

（3）弔事とは

　人が亡くなり弔う人生の悲しみ事に関わる通夜・葬儀・告別式の「葬」と，その後の祭祀・法要の「祭」を合わせて弔事といい，不祝儀ともいう。家族・友人などの私的な関係だけではなく，ビジネス上の関係も多く，その手順やマナーを身につけていることは，社会人として大切なことである。

　また，弔事に際してどのように行動するべきかは，立場や故人との関係の深さによって異なるが，訃報に関する情報を確認する場合は，できるだけ窓口を一つにして対応する。

　① 死亡の確認……故人の姓名・役職・年齢・死因（あまり深追いしない）
　② 儀式の確認……通夜・葬儀・告別式の日時・場所・電話番号・形式・宗教
　③ 喪主の確認……氏名・故人との続柄。必要に応じて住所・電話番号
　④ 前例の確認……参列者・供物・金額など

　集めた情報は迅速に関係者へ連絡するとともに，弔電・供花・香典などの手配をする。供花・供物は，会場や遺族の意向などで異なるため，当事者側に相談のうえ，通夜までに届くように手配したいものである。また，近年は香典・供物を辞退される場合も多く，その場合には相手の意向に沿うようにすることが望ましい。

1) 通夜

　葬儀前夜に行われる故人を偲ぶ儀式である。午後7時前後から9時頃まで行われ，遺族・親戚に限らず一般に開かれた儀式である。最近は仕事の都合などから，通夜だけの参列者も多い。しかし，親しい間柄の場合は，葬儀・告別式にも参列することが望ましい。香典等は，通夜・葬儀・告別式のいずれに届けてもよい。儀式に参列する会葬者は，30分前には式場に到着するように心がけるべきである。

　また，通夜の後の通夜振舞いを用意されている場合は，故人との最後の食事をともにする供養の気持ちで，少しでも頂いてから退席しよう。

◆ 服装と言葉

　地味な服装であればよい。最近では準喪服での参列者が多く，男性はダークスーツや略礼服に黒ネクタイ，女性は地味なスーツかワンピース，ブラックスーツが無難である。

　「このたびはご愁傷さまでございます」「どうぞお力落としのないように……」などと，小声でお悔やみを述べる。また，列席者同士の会話は，なるべく控えるようにする。

2）葬儀・告別式・社葬

　葬儀・告別式は，故人を弔う儀式である。葬儀は，遺族・親戚とごく親しい人びとで行われる。告別式は一般に開かれた儀式となる。近年，密葬・お別れ会という型式をとることも増えている。また，「社葬」とは，会社への貢献が大きい人が亡くなったときなどに，会社が主催する葬儀のことである。

◆ 服装と言葉

　男女とも，喪服といわれる黒の礼装・略礼装を着用する。男性のカッターシャツだけが白で，そのほかは，ネクタイをはじめ，靴下や靴・バッグなどの小物もすべて黒とする。光るものを避け，アクセサリーも結婚指輪と真珠の一連のネックレス以外は控える。

　また，受付では控えめな声で「このたびはご愁傷様でございました」「ご霊前にお供えくださいませ」などとお悔やみを述べ，金封を渡して，記帳する。

3）法要

　法要は，葬儀以降の節目ごとに，個人と親しかった人が出席して行うものである。招かれたら出席できるようにスケジュールを調整するとともに，主催者の準備の都合を考えて，できるだけ早く返事をするように心がける。

　仏式では，初盆のほかに，初七日・四十九日・一周忌・三回忌・七回忌・十三回忌・三十三回忌などがある。なお，三回忌（没後満2年）からは，数え年で行われる。

◆ 忌明け

　葬儀後，喪が明ける時期を「忌明け」という。遺族の考えや状況により異なるが，香典等供物の返礼をする。宗教により，仏教49日，神道50日，キリスト教30日と異なる。

◆ 供物と服装

　供物は法要の当日に，線香や花・菓子・果物や現金などを「お供えください」と挨拶して手渡す。「御供」「御供物料」のほか，仏式では「御仏前」，神式では「御玉串料」，キリスト教式では「御花料」と上書きすることもある。

　服装は，亡くなってから日が浅い法要では，葬儀と同様の喪服または準喪服で出席する。

日が経つにつれ悲しみも癒えると考え，徐々に地味なスーツやワンピースなどにしていくが，光る小物やアクセサリーは避ける方がよい。ただ，服装や供物などは，ほかの出席者とのバランスを考慮するほうがよく，事前に問い合わせや話し合いをすることが望ましい。

● 焼香・献花・玉串奉奠

　仏式では線香や抹香を供える焼香，神式では常緑の葉である榊で作られた玉串を，キリスト教や無宗教式では白い花を捧げて，個人との安らかな別れをする。
　図を参考に，実習してみよう。

| 焼香 | 献花 | 玉串奉奠 |

2．交際のマナー

　人生で遭遇するさまざまな出来事において，相手への思いをふさわしい形にして表す方法を知っておくことは，大切なことである。また，日ごろからビジネスにとどまらず，周囲の人びととの個人的な「おつきあい」にも気を配ることは，人間関係の潤滑油として欠かせないことでもある。

（1）行事と暦

　20世紀に至るまで，私たちのほとんどが，農・林・水産業に携わりながら自然と向き合って生きてきた。とりわけ古代においては，いつ種をまくか，いつまでに採り入れを済ますべきかは，生活を支える重要な問題だった。その「時」を定める暦を司ってきたのは，洋の東西にかかわらず為政者であり権力者たちであった。

1）二十四節気
　古代中国大陸において使われていた太陽暦で，2月4日の立春から始まる。ただ，現地からかなり南に位置する日本とは1カ月ぐらい季節感のズレがあるが，現代においても日本の伝統文化や文学，地域の祭礼や行事，生活習慣に二十四節気は生きている。立春・啓蟄・春分・立夏・夏至・小暑・立秋・秋分・霜降・立冬・冬至・大寒などである。

2）六曜（六輝）
　中国の陰陽五行説から誕生した吉凶を占う暦といわれているが，由来は不詳である。吉凶の根拠が不明であるとして，明治政府が太陽暦に改暦したときから公的には使われていない。迷信とはいえ，結婚や地鎮祭，葬式の日取りでは，今も日を選ぶことが多い。先勝→ 友引 → 先負 → 仏滅 → 大安 → 赤口の順で繰り返し，月の変わり目に順番が変わる。

（2）贈答の基本

　日本人は贈り物が好きな民族といわれている。そのうえ，贈り方にも独特のルールがあり，難しいともいわれている。それは，日本人にとって贈り物は神への捧げものであり，神からの賜り物と考えられてきたからである。

一方，虚礼廃止が唱えられながらも，贈答がなくなる気配はない。せっかくお金や手間をかけるのなら，贈答の基本を学び，喜んでいただける贈り方をしたいものである。

また，いただく側は，自分に向けられた好意や配慮に対しての感謝の気持ちを，適切な時期に，ふさわしい形で返すことができる社会人でありたいものである。

1）熨斗紙 (のしがみ)

古来，神への捧げものは，穢れ (けが) のないように片木 (へぎ) と呼ばれる白木の折敷 (おしき) に載せて，白い紙で包み，水引で結んで供えられた。また，慶事には，長寿を表す縁起物の鮑を添えて届けられた。さらに鮑は寿命が延びるようにと，乾鮑を薄く末広に伸して添えられた。そのすべてを含めて1枚の紙に印刷したのが「熨斗紙」である。熨斗紙の右上にある小さな飾りが伸された鮑である。したがって，熨斗は，弔事にはつけないのである。

2）水引

金品を贈るときに用いる和製のリボンを，水引という。水引は，ひも状にした和紙のよりに色づけしたものである。贈る目的によって，水引の色と結び方を使い分けて用いる。

◆ 色

慶事の基本は紅白であるが，贈る目的や金額によっては金銀を使う。弔事は，黒白・銀白・黄白などがあり，亡くなられてからの時期や目的によって使い分ける。

◆ 結び方

・結切り……「本結び」「片結び」ともいう。水引の両端を引っ張ると固く結ばれほどけない。一度しか起きないこと，一度きりを願うものに使う。
・蝶結び……「返し結び」ともいう。水引の両端を引っ張るとほどけるところから繰り返しを願うものに使う。
・あわび結び……本来「結切り」の結び方であるが，結びめの美しさから，最近は「蝶結び」としての用途にも使われ始めている。

3）表書き

表書きとは，熨斗紙や金封の表に書く，贈る目的・贈り主・贈り先のことである。

慶事では濃い墨で書き，弔事では薄墨で書いて，その時々の気持ちを表す。上書きは大きめの字，贈り主の所属は小さく，氏名は中くらいの字でバランスよく書く。

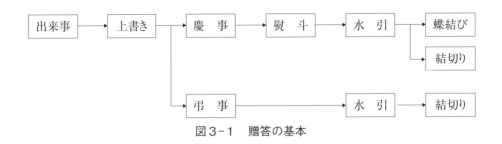

図3-1　贈答の基本

表3-2　上書きと熨斗・水引

出来事	上書き	熨斗	水引の色	結び方
結婚を祝う	寿・御祝・御結婚御祝	有	紅白・金銀	結切り
出産を祝う	寿・御祝・御出産御祝	有	紅白	蝶結び
入学を祝う	御祝・御入学御祝	有	紅白	蝶結び
卒業・就職を祝う	御祝・御入学御祝・御卒業御祝	有	紅白	蝶結び
賀寿を祝う	寿・御祝・○○御祝	有	紅白・金銀	蝶結び
慶事一般	御祝	有	紅白	蝶結び
新築・開店	御祝・新築御祝・開店御祝	有	紅白・金銀	蝶結び
転勤・引越し	御餞別・記念品・御挨拶	有	紅白	蝶結び
お礼	御礼・薄謝・謝礼	有	紅白	蝶結び
お礼（目下へ）	寸志（高額ではない）	有	紅白	蝶結び
死亡　仏教	御霊前・御香典	無	黒白	結切り
神道	御霊前・御玉串料	無	黒白	結切り
キリスト教	御霊前・御花料	無	黒白	結切り
法要（忌明後）	御供・御供物料・御仏前（仏教）	無	黄白	結切り
見舞い	御見舞　近火御見舞（白封筒）	無	無	無
その他見舞い	陣中御見舞・楽屋御見舞・祈必勝	有	紅白	蝶結び
返礼（慶事一般）	内祝・○○記念	有	紅白	蝶結び
返礼（結婚）	寿・内祝	有	紅白	結切り
返礼（病気見舞）	快気祝・全快祝・内祝	有	紅白	結切り
返礼（弔事）	志・満中陰志・忌明志・粗供養	無	黒白・黄白	結切り

蝶結び

何度も繰り返してよい
一般の慶事や贈答に使う

結切り

再びないようにと願う
結婚・弔事・見舞など

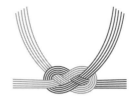

あわび結び

結切りの変形。全用。
形があわび貝に似ている
ところからついた名称

図3-2　水引きの結び方

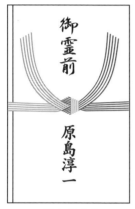

個人名のみ

社名・姓名

4名以上

3人連名（右側が上位者）

宛名付・連名（宛名側が上位者）

中袋（裏に住所）

図3-3　いろいろな表書き

（3）贈答の実際

1）中元・歳暮

　日頃お世話になっている方に感謝を伝えるため，夏は「御中元」，冬は「御歳暮」を届ける。取引先をはじめ，上司や両親・仲人・稽古事の先生，菩提寺などに贈る。暦の上の7月15日の中元の日前後に「御中元」を届け，立秋を過ぎたら「残暑御見舞」として届けるが，地方によって時期は多少異なる。「御歳暮」は12月上旬から20日頃までに届けるのが一般的である。相手の様子・人数・好み・予定などを考えて送ると喜ばれる。

　贈られた側は，受領と感謝を電話や礼状で伝えるが，特に返礼は必要ない。

2）お礼のいろいろ

　何かをしていただいたことへの感謝に贈る。何をしてくださったかや，お礼の金額などにより，「御礼」「薄謝」「謝礼」などと上書きする。目下への少額のお礼に「寸志」と書くこともある。また，祭礼などの心づけに，「御祝儀」や「花」などの上書きがある。

3）見舞い

　ビジネス上だけではなく，日ごろつきあいのある方が思いがけない病気や災害に遭われたときには，少しでも早く言葉や物や行動で励ますようにしよう。ただこのとき，見舞いの行動が押しつけにならないように配慮することが大切である。病気や風水害・火事などを見舞う場合は，「取るものもとりあえず，お見舞いに伺いました」という気持ちを表すために，現金は水引も熨斗もついていない白封筒に包む。

◆ 病気見舞

　病状や相手の環境を考えて，見舞いに行くべきかどうかを考える。事前に様子を尋ねたり，特に女性を見舞う場合は，日時を知らせる配慮も必要な場合がある。病院は面会時間を守り，少人数で短時間にする。見舞いの品は，タオルなど実用的な品や本人が希望する物がよい。花は淡い色で香りの少ない切り花がよい。病気が快復したときに，見舞いの半額ぐらいの品を見舞い返しに届けるが，相手によっては，返礼は必要ない場合もある。

◆ 陣中見舞

　選挙事務所や合宿，発表会などへの激励は，花や多くの人が取りやすい個別包装で，冷蔵庫に入れる必要のない物を選ぶ。上書きは「陣中御見舞」「楽屋御見舞」「祈必勝」などと書き，紅白の蝶結びの水引を用いる。返礼は不要だが，後日お礼の気持ちを伝えよう。

（4）贈答のタブーと贈り方

　贈答には，相手への配慮や品物から連想されることに対して縁起をかついだり，災厄を避けるという意味から，特定の行為を禁止する慣習・禁忌がある。

表3-3　贈答のタブー

項目	タブー	理由
結婚祝	刃物	包丁・はさみなどは，縁を切るにつながる
	ガラス・陶器	割れるにつながる
病気見舞	鉢植えの植物	「根」が，寝つくにつながる
	椿	花が落ちることから，首が落ちる切腹につながる
	香りが強い花	花粉アレルギーや，ほかの人の好き嫌いもある
新築祝	赤い物	炎の色から，火事につながる
	ライター・灰皿	火を点けるにつながる
目上の方へ	下着，履物	生活感があり過ぎると失礼になる
	現金	見舞・葬儀ではかまわない
数字	4・9	4：死　9：苦につながる
慶事に不向き	日本茶	香典返しに用いられる。中元・歳暮では可

1）贈り物の選び方

　さまざまなタブーはあるが，贈る相手に喜んでいただくことが一番である。希望を聞いたり，相手から指定されたりした場合は，こだわらずに希望の品を贈るとよい。

2）届け方

　本来は先方に出向いて届けるべきであるが，現代人の生活では難しい場合もある。特に大きな物や生ものなどは，先方の都合や好みを確認してから届けるよう心がける。
　なお，紙袋は風呂敷にあたる。紙袋ごと手渡すのではなく，品物を袋から出して，紙袋は簡単にたたみ，向きを正位置にして，ふさわしい挨拶を述べてから差し出すようにする。

（5）外国人から見た日本の贈答マナーの不思議

1）生活にあふれる贈り物

　日本では，誕生から死後の法要まで，または元旦から大晦日まで，折にふれて互いに贈り物を贈り合い，飲食を共にして生活を豊かにしてきたという文化・風習がある。

　一方，海外における贈り物は，親しい間柄の家族や友人間における「特別な気持ち」を表すものであって，日本の「中元」「歳暮」のように，慣習的に物を贈る発想はない。

2）現金

　海外では，親や祖父母が結婚などのときにお祝いとして現金を渡すことはあるが，基本的に現金を贈り物にする習慣がない。葬儀やお見舞にも現金は贈らないので，現金を包むための特別な金封などもない。

3）お返し

　日本人は贈り物をいただいた場合，一人前の社会人として，贈られた金品の金額に合わせて何らかの「お返し」をすることが「暗黙のルール」となっている。そのための準備も，デパートや式典会場などがビジネスとして引き受けてくれる態勢も整っている。

　海外では，贈り物は「特別な気持ち」を共有する間柄に対する行為なので，ありがたくいただき，感謝の気持ちを伝えればよく，一般的に「お返し」をしないものである。

4）いつ開ける？

　日本では，「おもたせ」でもない限り，その場で開けるのは「行儀が悪い」と考えられてきた。また，開封するときには，包装紙やひもは丁寧に扱うものとされてきた。

　海外では，贈り主の目の前で開けて自分が喜んでいる様を贈り主に見せることもマナーと考えられ，期待する気持ちを表わすために多少雑に開けることも許されている。

5）「つまらないものですが……」

　相手を思って選んだ贈り物を，胸を張って差し出さない日本人の姿には，謙遜の気持ちだけではなく，余計な気を遣わせたくないという配慮も底流にある。せめて「お口に合えばよいのですが」や「お気に召していただけましたでしょうか」の言葉を添えて届けたい。これからの時代にふさわしい贈り物を届ける挨拶・行動を身につけたいものである。

（6）パーティー

ビジネスにおけるパーティーは，企業間の交流の場として，また，情報収集や人脈を広げる機会として重要な意味がある。パーティーの場にふさわしい社会人になろう。

1）パーティーの種類とドレスコード
・ディナーパーティー……夜に催される着席の正餐の格式高いもので，正装が中心
・カクテルパーティー……午後から催されるアルコールが供される立食式で，入退室が自由で気軽なパーティーである。服装は，ダークスーツやアンサンブルなど
・ビュッフェパーティー……開催する時間帯に制限がなく，食事も軽食を中心としたセルフサービスの立食式。服装は，スーツやワンピースなど
・レセプション……招待会・接待会などビジネス上もっとも一般的な立食のパーティー。一般的に入退室は自由である。服装は，ビジネスウェアでよい

2）立食パーティーのマナー
ビジネスでは，会場を自由に移動でき，入退室も比較的自由な立食式が多く用いられる。大勢の人びとと会話や食事を楽しみ，人間関係を深めていくために，パーティーマナーを心がけたいものである。また，参加者数を想定して十分な数の名刺を用意しておこう。

◆ 受付・飲食
祝儀などを持参した場合は，受付で祝辞とともに手渡す。会費制の場合もできるだけ新札でそろえ，「お世話になります」などの言葉とともに支払う。また，開始の15分くらい前までには受付を済ませ，大きな荷物やコートなどはクロークに預ける。

ウェルカムドリンクが用意されている場合は飲みながら開始を待つが，用意されていない場合は乾杯まで待つ。乾杯は，発声の挨拶をする来賓に視線を向け，グラスを目の高さに持ち，「乾杯」を唱和した後，一口だけ口をつけてテーブルに置き，拍手をする。

料理を一皿に3品程度のせて料理テーブルから離れ，多くの人と会話を楽しみながらいただく。皿やグラスは左手で胸の高さに持ち，右手は握手や名刺交換などいつでも使えるように空けておくほうがよい。また，来賓等のスピーチ時には会話や飲食を控えることもマナーである。また，周囲に用意されている椅子には，荷物を置いたり座り続けたりしないように心がける。途中で退室するときは，さりげなく主催者だけにお礼の挨拶をして退室する。

第3章のポイント学習

1．次の文が正しい場合は○を，誤っている場合は×をつけてみよう。

(1)　（　　）結婚式に招かれたので，さわやかな雰囲気がいいと思い，白のドレスにした。

(2)　（　　）お世話になった方のお見舞いに，豪華な蘭の鉢植えを贈った。

(3)　（　　）亡くなった方宛に，香典や供物を送った。

(4)　（　　）部長と課長と一般社員の3名で結婚祝いを贈るとき，右から部長・課長・一般社員の順で姓名を書いた。

(5)　（　　）仕事先から通夜に参列するため，スーツに黒のネクタイで向かった。

(6)　（　　）葬儀会場で珍しい方に会えたので，丁寧に挨拶して親しく話しかけた。

(7)　（　　）忌明けに葬儀の供物の返礼をするのは，どの宗教も49日である。

(8)　（　　）上司の代理で葬儀に参列したとき，受付で自分の名前で記帳した。

(9)　（　　）病気が全快したので，見舞い返しを蝶結びの熨斗紙で贈った。

(10)　（　　）「御歳暮」を贈る時期をのがしたので，「御年賀」の上書きで届けた。

2．次の言葉の組み合わせで，正しい場合には○を，誤っている場合には×をつけ，正しい文に訂正してみよう。

(1)　（　　）ドレスコード＝参加者の服装のレベル合わせ

(2)　（　　）ウェルカムドリンク＝乾杯の飲み物

(3)　（　　）三回忌＝葬儀から丸3年後に行う法要

(4)　（　　）白寿＝100歳の祝い

(5)　（　　）陣中御見舞＝選挙事務所などへの激励と見舞い

(6)　（　　）謝礼＝講演者への御礼

(7)　（　　）御餞別＝祭礼などの心づけ

(8)　（　　）冠婚葬祭の冠＝成人を祝う儀式

(9)　（　　）会葬者＝法要の列席者

(10)　（　　）お花料＝病気見舞いの上書き

第**4**章

総務業務Ⅰ

── 知っておきたい総務業務と会議・環境整備 ──

　総務とは,『広辞苑』によると「全体の事務をつかさどること。また, その職にある人」とある。つまり, 総務は, 企業が円滑なビジネス活動をしていくための, キーステーションということである。

　この章では, 総務とその主な業務について学び, そのなかで特に, 会議の知識・準備, 環境整備について学んでみよう。

1．総務の業務

　以前は企業には，大小を問わず，必ず総務部，あるいは総務課と呼ばれる組織があり，社内的には，文書管理や行事のセッティングなどをはじめ，ほかのスタッフ部門に属さないすべての業務を行っていた。一方，社外的には，会社の窓口となって，儀礼的な業務や対外折衝，各種の問い合わせなどにも応じるという，企業全体に関わる仕事を遂行していた。

　しかし，昨今，今まで以上に意思決定の迅速化が要求されるようになり，企業の組織も大幅に変わり，総務的な業務は，広報・総括本部・情報本部や人事部の組織内に分散した形で取り入れられる傾向にある。

（1）総務業務の内容

　総務業務は企業の組織により多種多様であるが，主な業務は，つぎのように分類できる。

表4-1　総務業務の内容

経営関係業務	株主総会の準備・運営，取締役会の運営，社内規程の整備・管理，法務業務
対外関係業務	官公庁への各種届，業界団体への対応，地域社会との交流，CSR，社葬，コンプライアンス
庶務関係業務	受付業務，郵便物の管理，慶弔規程（社内・社外），社内行事，イベント，リスク・マネジメント，環境対策，役員車管理，会議室管理
事務管理・施設管理業務	事務用品管理，オフィス機器の購入・管理，オフィス・レイアウト，帳票類手続きの規程・管理，不動産・設備の管理，事務規程
人事・労働・福利厚生業務	募集・採用，配置・異動，社員教育の実施，労働時間の管理，休日・休暇の管理，福利厚生施策，社員の健康管理

（2）企業行事の運営

　企業には，1年をとおしてさまざまな行事がある。それに伴う業務は，主に総務が担当している。ここでは企業における行事と，主な行事の進め方について学んでいく。

　一般的な企業で行われる各月の主な行事は，表4-2のとおりである。

表4-2　1年間の主な行事

4月	入社式・集合研修，人事異動，新年度経営方針の発表
5月	定時株主総会の準備，役員就任手続きと通知
6月	定時株主総会の開催，役員就任披露会の開催，暑中見舞状・中元等のチェックと手配
7月	暑中見舞状の発送
8月	夏期休暇の実施と管理（製造業ではラインを止めて一斉休暇にしたりする）
9月	経費支出の点検，新入社員のフォローアップ研修
10月	社内運動会の実施
11月	歳暮贈答品の手配・発送，年賀状・クリスマスカードの発送先の名簿チェック
12月	年賀状・クリスマスカードの発送・整理，カレンダー・手帳類の配布，年間・月間スケジュール表の作成，忘年会・納会
1月	新年祝賀式・祝賀会の実施，賀詞交歓会，経営責任者新年スピーチ，年始客の対応
2月	各種業務規程の見直し，定期人事異動の検討
3月	決算事務と予算編成，新年度経営計画の策定，文書整理・廃棄，新入社員の受入準備

　これらの行事は，ほぼ例年，同じ時期に，同じような内容で行われるので，前年度の例にもとづいて準備・実行するのが一般的である。ただし，これらの行事は，企業の表看板となるものであり，小さなミスも企業イメージに大きく影響を与えるので，上司の指示のもと，細心の注意が必要である。

　そのほかにも，大きな節目ごとの記念行事や，PR のための地域活動をはじめ，近年関心が大きくなってきた防災や安全に関する活動やボランティア活動など，会社のあり方を示す機会となるものも多い。

　いずれにしても，幅広く目配り・気配り・手配りを行う総務業務は，企業の「縁の下の力持ち」といえる。

2. 会議

　企業が多くの人びとによって運営されるものである以上，会議は不可欠である。会議は，企業の目的を効率的に成し遂げるための方法を検討・決定したり，同じ企業で働くものとしての社員の意見を統一するなど，コミュニケーションの手段として，スムーズな業務遂行のために行われる。

　会議の具体的な目的は，①情報の伝達，②情報の交換，③相互啓発，④意思決定，⑤アイデアの収集，などに分けられる。ほとんどの会議は，これらのうち2つ以上の目的をもっている。

（1）会議の種類と形式

　株式会社における主な会議の例としては，次のようなものが挙げられる。これらの会議のほかに，部門会議，課別会議，スタッフ・ミーティングなど，企業によりさまざまな会議がある。

1）株主総会

　株主が集まり，決算の承認をはじめ，取締役・監査役の選任，事業報告，経営方針など，議案ごとに出席者の承認を得る形で進められる，最高の意思決定機関である。毎年1回以上開催することが，商法246条で義務づけられている。

2）取締役会

　株主総会で選任された取締役によって構成される。経営活動全般にわたる基本方針を決める決定機関である。商法の規定によって，株式会社では設置が義務づけられている。

3）常務会・執行役員会・経営戦略会議

　いずれも会社法で定められている機関ではないが，議決事項の多い取締役会に代わって，迅速な意思決定をするために，最も重要な会社運営の方針を決定する会議である。

　通常，常勤取締役（社長・副社長・専務取締役・常務取締役など）で構成される。

（2）会議主催の手順

　会議の開催に関しては，5 W 3 H を念頭に入れ，その目的と内容を理解し，必要十分な準備をする。会議の目的・内容に合わせ，事前準備の項目が確定した時点で，関係者に通知状を作成・発送し，出欠の確認を行う。通知状は，少なくとも開催日の 2 週間前（社外宛の案内は開催日の約 1 カ月前）には送付する。なお，最近では社内の会議は，メールで知らせる場合が多い。

　また，会議資料はできる限り事前に配付し，出席者が会議までに目をとおしたうえで，出席できるようにする。

1）事前準備

① 議題・目的の確認
② 開催日・開催時間・終了時間・開催場所の決定
③ 出席者の選定
④ 会議室の予約（会議の目的に合った場所・収容人数・レイアウト・設備等考慮）
⑤ 開催案内・通知（出欠の回答期限明記）の発信・発送。出欠確認の後，出席予定者一覧表を作成
⑥ 議事録の作成依頼

2）会場のレイアウト

① 円卓型

お互いの顔がよく見えて，自由な雰囲気で話し合える。20 人くらいが限度

② ロの字型

円卓型で人数が多い場合

③ コの字型

ホワイトボードやプロジェクターを使用する場合

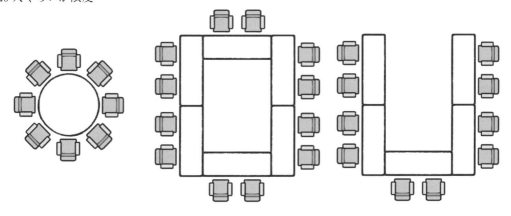

⑤教室型

多人数になるときや，情報伝達を主な目的とする会議の場合

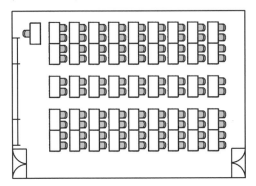

⑥島型

バズ・セッション・ワークショップなどに適している

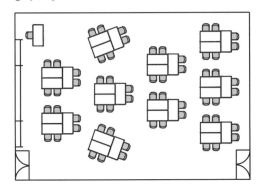

3）会議開催当日業務

① 出席予定者の一覧表準備と出欠確認

② 配付資料（内容・必要数の確認）の用意

③ 会場レイアウト（目的・出席者数・会場の広さに合わせる），必要備品（マイク，PC，OHC，プロジェクター，IC レコーダー，DVD プレーヤー，ホワイトボード，マジック等）のセッティングとチェック

④ 空調・換気・音響・騒音のチェック

⑤ 会議中の茶菓や食事のサービスは，事前に打ち合わせておき，会議の進行状況を見ながら行う（最近は，ペットボトルを準備する企業が多い）

⑥ 事前に，会議中の電話・来客の対応について，指示を得ておく

4）会議終了後

① 必要に応じて，配車の手配

② 預かった衣類・持ち物の返却

③ 伝言の伝達

④ 会議室等の忘れ物チェック

⑤ 冷暖房・ファン・照明のスイッチ・戸締り

⑥ 使用した資料や会場・備品の後片づけ

⑦ 会議場の管理者に終了報告

⑧ 議事録の作成と配付

（3）案内状と返信

社外への会議案内は，案内状に出欠期限を記載し，返信はがきを同封するか，往復はがきで出す場合が多い。回答は，宛名の「行」を様（個人宛）や御中（団体宛）に書き改め，回答欄にある「ご」や「貴」「芳」などを2本線で消し，適切な語句を加える。

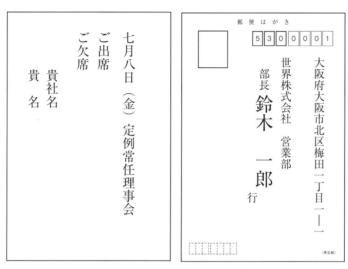

図4-1　返信用はがきの例

（4）議事録

議事録は，会議の実行を証明する大切な記録であるため，なによりも正確な内容であることが大切である。会議の経過（発言者と発言内容）を記載し，結論を重点に，事実を正確に書く。なお，一般的な議事録の記述項目は，次のとおりである。

① 会議名

② 開催日時・場所

③ 主催者名

④ 議長・司会者名

⑤ 出席者名

⑥ 内容（テーマ，経過，決定事項，保留事項）

⑦ 次回予定

⑧ 議事録作成者名

（5）会議で使用する用語

・招集……会議のために関係者を集めること。「召集」は国会だけに使われる

・議案……協議する事項のこと。多数のときは「第1号議案」「第2号議案」とする

・動議……出席者が予定外の議案を，口頭で提案すること

・定足数……会議は構成員の一定人数以上が集まらないと開けない。その最少人員数

・委任状……権限を他人に委任することで，出席にかえる書状

・議決・採決……挙手・起立・投票・拍手等で意思表示をし，議案の可否を決定すること

・採択……複数の案や意見の中から，選んで取り上げること

・諮問……上位組織が下位組織に，何かを尋ねること

・答申……諮問に対して，答えや意見を述べること

・諮問委員会……諮問事項について検討し，決定権はないが，意見を述べる機関

・一事不再議の原則……会議で一度決まったことは，その会議中は再び採りあげない原則

（6）会議の形式

・フォーラム（Forum）……公開討論会のことで，参加者全員で意見交換をする。

・シンポジウム（Symposium）……テーマを決めて広く聴衆を集め，公開討論などの形式で開催される代表者会議。

・コンベンション（Convention）……さまざまな人が集まり，研究発表や新製品の発表，新たな情報を発信する。

・パネル・ディスカッション（Panel Discussion.）……あるテーマを議題として，数人の選ばれた論者（パネリスト，パネラー）がそれぞれの立場で，聴衆の前で討論を行い，会場からの質問を受けたりしながら進行する。

・バズ・セッション（Buzz Session）……いくつかの小グループに分けて討論を進めた後，各グループの代表者が話し合った要点を全員に報告し討議する。

・ブレインストーミング（Brainstorming）……あらかじめ議題を与え，集団で自由に意見やアイデアを出しあうことによって，相互交錯の連鎖反応や発想の誘発を期待する技法である。①判断・結論を出さない，②どんな意見も歓迎する，③質より量，④アイデアを結合させる，という4原則（ルール）を守る。商品名やキャッチフレーズを決めるときなどによく使われる。

3．環境整備

　業務を快適，かつ効率的に処理できるようにするためには，まず，備品・消耗品の管理に注意を払うと同時に，安全・安心な環境の整備を心がけなければならない。

（1）備品・消耗品の管理

　備品とは事務用家具・機器類を指し，消耗品とは事務用品・鉛筆・ボールペンなどをいう。オフィスでよく使用する備品には，机・椅子・ロッカー・キャビネットなどの事務用家具のほかに，以下のようなものがある。

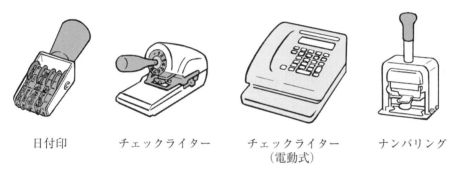

日付印　　　チェックライター　　　チェックライター　　　ナンバリング
　　　　　　　　　　　　　　　　　　（電動式）

図4−2　　事務用備品

1）備品の調整
・時計の時刻，カレンダーの日付などを正確に合わせる
・情報機器，エアコン，照明器具，机・椅子などの定期点検は必ず行い，故障などの際には，すぐに代理店や機器納入者へ連絡を取るようにする
・額や置物などの位置を整える

2）消耗品の管理
・ボールペンはインクが出るか，シャープペンシルには芯が入っているか確かめ，いつも書きやすい状態に整えておく
・ステープラーの針はなくなっていないか，クリップの数は十分か確かめて整える
・コピー用紙，社内用箋，メモ用紙など，用紙を補充する
・朱肉やスタンプ台もチェックし，インクを足す

（2）室内環境の整備

　生活環境のうち，人間に影響を及ぼす物理的因子はいろいろあるが，一般には主に視覚・温覚・聴覚を介して感知され，照明・色彩・温熱条件・騒音が問題になる。これらについて，具体的な管理の方法を学習しよう。

1）照明
　事務室の採光（自然光線の利用）や照明（人工光線の利用）の良し悪しが，事務の能率に影響を及ぼす。したがって，仕事に適する所用照度，照明の方法，自然光線の利用法を知っておかなければならない。

◆ 所要照度
　職場にふさわしい明るさ（所要照度）はJIS（日本産業規格）で，表4-3のように定められている。

表4-3　所要照度

場所	範囲
事務所	1,500 ～ 300 ルクス
会議室	750 ～ 300 ルクス
役員室	750 ～ 300 ルクス
応接室	500 ～　20 ルクス

◆ 照明方法
　照明方法には，直接照明（直接光源から目的物を照らす方式），半間接照明（一部を反射光線とする方式），間接照明（全部を反射光線とする方式）などがある。仕事に適した照明としては，部屋に窓があり，自然光線が利用できる場合は，これを十分利用するべきである。また，直射日光が当たる部屋では，ベネチアンブラインドやカーテンで光を調節するとよい。

2）防音
　普通の会話の大きさである50デシベルを超える音は，一般的に騒音と感じる。
　騒音は，第1に聴力機能の低下，第2に音声明瞭度の低下，第3に喧騒感・不快感などによる精神作業の低下という影響を及ぼす。このような騒音の悪影響を防ぐため，室内は

できるだけ静かであるように心がけるべきである。

　防音の対策としては，次のような方法が効果的である。

・ドアにドアクローザーを付け，開閉音を小さくする
・電話の呼出音を小さく調整したり，着信したら素早く受話器をとるなどの工夫をする
・窓は二重窓にしたり，厚手のカーテンを引いたり，完全に閉め切ったりする
・壁・天井に吸音材を貼る
・パソコン・プリンターなど，情報機器の音量を調節する
・来客中，電話中の場合，周囲での会話をメモで行う

3）色彩調節

　色彩調節とは，色のもつ物理的性質と色が人間に与える生理的・心理的作用とを活用し，生活や仕事の質と能率を高めようとするものである。

　部屋の雰囲気に適した配色については，以下のことを心がけるとよい。

表4-4　色調

暖　色	赤系統	和やかな雰囲気のほしい集会室に適している
中間色	緑色・茶系統	鎮静作用があるので，役員室や応接室に適している
寒　色	青系統	清潔感があるので，病院などに適している

4）空気調整

　温度や湿度の変化は，人間の生理や心理に大きく影響するので，空調条件を整えることも必要である。室温のめやすとしては以下の表のとおりであるが，温度計で計る気温と，人間が実際に感じる感覚温度には差があり，また作業の種類により変わってくるため，標準値を参考に，常に臨機応変な対処が必要である。また，湿度が不足しがちな冬季には，加湿器などを利用するとよい。

表4-5　四季に適した温・湿度

季節	気温	湿度
夏	25 ～ 28 度	50 ～ 60 %
春・秋	22 ～ 23 度	50 ～ 60 %
冬	18 ～ 20 度	50 ～ 60 %

第4章のポイント学習

1. 次のことばの組み合わせで，正しい場合には○を，誤っている場合には×をつけ，正しい文に訂正してみよう。

(1) （　　） 商法の規定によって株式会社で設置が義務づけられているのは，株主総会と常務会である。

(2) （　　） フリートーキング（30名）をすると言われたので，机を円卓型に並べた。

(3) （　　） 社外宛の会議の開催通知は，2週間前には届くようにするとよい。

(4) （　　） 議事録には，決定事項だけでなく，テーマ，経過なども記しておく必要がある。

(5) （　　） 動議とは，出席者が予定外の議案を提案することである。

(6) （　　） 定足数とは，会議が成立するための必要最少限の人数のことである。

(7) （　　） パネル・ディスカッションとは，グループでパネルを立てて行う会議のことである。

(8) （　　） ブレインストーミングでは，①判断・結論を出さない，②質より量，③アイデアを結合させるという，3原則（ルール）を守りながら行う会議のことである。

2. 次の文が正しい場合は○を，誤っている場合は×をつけ，正しい文に訂正してみよう。

(1) （　　） 備品とは，ボールペンやステープラーなどをいう。

(2) （　　） 机上には，その日に使用する予定のものすべて準備して揃え，迅速に動けるようにする。

(3) （　　） オフィス内の照明は，できる限り自然光線を利用すべきである。

(4) （　　） 通常，人間は70デシベルを超えると騒音と感じる。

(5) （　　） 青系統の色は清潔感があるので，会議室に適している。

(6) （　　） 春・秋に適した室内温度は，22～23度である。

(7) （　　） 室内の湿度は50～60％が適している。

第 **5** 章

総務業務 Ⅱ

── 効率的な時間活用と出張業務 ──

　この章では，オフィスワークにおける時間管理の大切さを理解するために，4種類のスケジュールの組み立て方などを取り上げる。また，最近ではパソコンやスマートフォンなどによるスケジュール管理が進んでいることを考慮し，スケジュール管理のツールを使用するときの留意点についても着目する。

　また，スケジュール管理の具体的業務として，出張業務を取り上げる。国内出張や海外出張を組み立てるときの基礎知識や旅程表の作成，社内手続きの進め方などを学び，円滑な出張業務ができることをめざす。

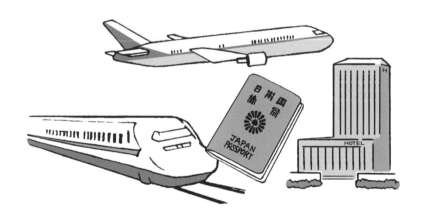

1．スケジュール管理

　社会人になると，「時間管理（time management）」という言葉を聞く機会が増える。それは社会人が，決められた時間内で利益や成果を上げることが求められるからである。自分のなすべき仕事を目に見えるようにするために「時間を可視化する」，つまり，スケジュール管理が必要になる。しっかりと時間管理を行うことは，社会人の基本といえる。

（1）さまざまなスケジュール管理

　スケジュール表は，a. 年間予定表，b. 月間予定表，c. 週間予定表，d. 日々予定表（日程表ともいう）の4つに大別できる。

1）文書でのスケジュール管理

a．年間予定表

　年間予定表は，長期計画として1年間の流れをとらえるために作成する。入社式・株主総会などの社内行事，定例会議，休暇，加入団体の定例会合など，年間をとおして行われる内容を記入する。記念行事・式典，冠婚葬祭などといった特別な予定が入らない限り，年間予定表は毎年ほぼ変わらない。そこで，総務部（課）などに確認したうえで，前年度のものを参考にして作成するとよい。

b．月間予定表

　月間予定表は，定例会議・出張・行事・面談予約などの予定を，月単位でまとめたものである。変化の少ない職務の場合，この予定表が基本となる。前月中頃には作成する。

c．週間予定表

　週間予定表は，定例会議の開始時間・場所，面談日時や場所などの予定を，週単位でまとめ，詳細に書き入れる。営業や役員といった，行動に変化の多い職務では，この予定表が重要になる。週末には，次週の予定を確認したうえで作成しておく。

d．日々予定表（日程表）

　日々予定表は，「日程表」とも呼ばれる。一日単位の予定を分刻みで記入し，予定どおり実施できるように，必要な情報を週間予定表よりも詳しく書き入れる。変更や追加を確認し，前日の午前中には作成しておく。なお，出張や式典などの特別な日は，備考欄を活用するとよい。

表5-1a　年間予定表

日	4月 曜	4月 予定	5月 曜	5月 予定	6月 曜	6月 予定	7月 曜	7月 予定	8月 曜	8月 予定	9月 曜	9月 予定
1	土	入社式	火		金	定例役員会	日		水	部長会	土	
2	日		水	部長会	土		月	創立記念日	木		日	
3	月		木		日		火		金	定例役員会	月	
4	火		金	定例役員会	月		水	部長会	土		火	
5	水	部長会	土		火		木		日		水	部長会
31			木	株主総会			火		金	定例役員会		
備考		新入社員研修会（下旬）				創立記念式典準備（中旬）		国際見本市出展準備（中旬）		ドイツ視察（中〜下旬）		

表5-1b　月間予定表

7月

日	曜	摘要	日	曜	摘要
1	水	13：00〜15：00　定例役員会	18	土	
2	木	11：10〜14：00　創立記念式日・式典	19	日	
3	金	13：00〜15：00　定例役員会	20	月	13：00〜17：00　国際見本市出展準備会（現地）
4	土		21	火	13：00〜15：00　東日本地区支店長会議
5	日		22	水	10：00〜12：00　部長会
17	金		31	金	
備考		2日　創立80周年記念感謝パーティ	備考		20日　国際見本市出展準備会（江東区）

表5-1c　週間予定表

7月7日〜12日

日	曜	摘要　　8　9　10　11　12　1　2　3　4　5　6　7　8	備考
7	月	N物産会長・賀寿祝賀会（11：00〜14：00）	コンチェルトホテル　アポロンの間 TEL　03-5218-1111
8	火	次年度採用計画会議（15：00〜18：30）	
9	水	部長会（10：00〜12：00）	
10	木	① 常務面談（10：30〜11：30）　② 部課長連絡会（14：00〜14：30） ③ 次年度採用計画会議（15：00〜16：30）	
12	日		

表5-1d　日々予定表（日程表）

	日々予定表　6月7日（木）	備　考
8：00	出勤	
9：00		
10：00	↕移動（車）	・配車（山下D）
11：00	N物産常務・鈴木営業部長来社	・横浜支店（第一応接室） 　渡辺販売部長同席
12：00	↕移動（車）	・配車（山下D）
13：00		
14：00	↕部課長連絡会	・第二会議室
15：00		
16：00	↑次年度採用計画会議	・第一会議室
17：00		

2）パソコンでのスケジュール作成

　情報通信ネットワークの進展により，パソコンを活用したスケジュール管理が一般的となっている。パソコンでのスケジュール管理の際には，数字や漢字変換の入力ミスや，機種依存文字に注意が必要である。そのほか，下記のメリット・デメリットがある。

表5-2　パソコンによるスケジュール管理のメリットとデメリット

メリット	デメリット
・過去のスケジュールの検索が容易に可能なため，新規スケジュールを組み立てるときに参考にできる ・画面上で確認できるので，ペーパーレス化が進む ・急な変更が生じたとき，画面上での調整・指示など，他部門との業務連携が容易にできる（グループでのスケジュール管理） ・社内情報の共有化により，関係部署へのスケジュール表配布が不要となる	・パソコン上の修正は変更前の予定が「上書き」され，スケジュール変更の経緯が確認できない ・データが取り出せなかったり，日付や時間が書き換えられるなど，機器トラブルによる現状回復に時間がかかる ・パソコン上のスケジュール表は，確定した予定や終了した予定であることが多く，変更・調整などの最新内容を即時に反映させることが難しい ・パソコンと携帯端末（スマートフォン）との同期が手間である

（2）スケジュールの作成ポイント

　スケジュールを作成するときは，業務の重要度，優先順位，関連先との調整・効率などに留意する。また，上司のスケジュールを作成する場合は，上司の性格や健康状態にも十分配慮し，スケジュールが過密にならないような工夫が必要となる。

1）スケジュール作成の留意点
◆ スケジュール（基本）を作成するとき
- ・年度初めに，例年決まっている社内会議や行事を優先する
- ・出張や全体会議や行事などがあるときは，その前後は予定を開けるようにし，過密スケジュールにならないようにする
- ・仮予約のスケジュールがある場合は，ほかのスケジュールと重ならないようにする

◆ スケジュール（上司用）を作成するとき
- ・社外での会議や行事の重要度については，上司に確認してから予定を書き入れる
- ・上司が集中して仕事ができるように，なるべく決まった時間帯に執務時間を確保する
- ・上司の予定に関係する会議・出張・行動の予定などを，早い段階で社内外の担当部署から入手できるように努める

2）スケジュールの変更手順とその取り扱い
　確定したスケジュールは関係部署に連絡する。急な変更が生じた際は，関係者にもれなく訂正の連絡を入れる。また，上司の日々予定表は，時間単位で詳細な行動が記入されている。企業機密の面はもとより，上司の身辺セキュリティの点からも，スケジュール表の取り扱いは普段から十分注意する。

Let's Try 1

● 次のメモをもとに週間予定表（4月12日～16日）を作成しよう

- ・金曜日　出張（日帰り）　午前10時～午後3時　場所　横浜支店
- ・木曜日　定例会議　午後1時～2時　会議室B
- ・水曜日　新人社員研修「当社のCSR活動について」　午後1時～4時　会議室F
- ・火曜日　販売促進会議　午後2時～3時　会議室A

２．出　張

　出張とは，本来，会社内で行うべきことを，現地へ出向いて業務することをいう。出張には，当日で済む「日帰り出張」と，宿泊を伴う「宿泊出張」がある。また，行き先別でいえば，「国内出張」と「海外出張」がある。ここ数年，近隣の東アジアとの航空路線が多くなり，場合によっては日帰りでの海外出張も可能となった。

　出張が決まれば，社内の出張旅費規程に沿って出張手続きを行う。出張届には，往復の交通手段，宿泊先（日帰り出張は不要），旅程計画などの記載が必要となる。出張後は，出張にかかった費用の精算や，出張報告書の作成などを行い，出張業務は完了する。出張業務の手順を考えたり，準備のチェックポイントをマニュアル化するなど，日ごろから備えておくと効率的に準備できる。

　ここでは，一般的な国内出張・海外出張の事前準備と事後処理を中心に取り上げる。

（１）国内出張

　航空券やホテルの予約などは，トップ・マネジメント等を除いて，基本的には本人が準備しなければならない。個人手配の場合よりも，旅行代理店に依頼したほうが条件がよく，費用が抑えられることがある。

　次は，国内出張に必要な交通機関（鉄道・航空）と宿泊先の手配についての主な留意点である。

１）乗り物の手配
◆ 鉄道

　列車の乗車券・特急券を予約するときは，乗車日時・乗車区間・列車名・希望座席（グリーン席・指定席）の有無，乗車人数などを，鉄道会社の窓口やホームページ，専用アプリ，旅行代理店などで申し込む。切符の予約開始受付は，利用日の１カ月前からである[17]。

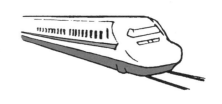

17：東海道・山陽・九州新幹線では，2020 年 5 月中旬乗車分より，車内に特大荷物（3 辺の合計が 160cm 超 250cm 以内）を持ち込むときは，車両最後尾の指定席とのセットで事前予約が必要となる。事前予約なしの場合は手数料が別途必要となる。2023 年度より特大荷物置き場が新設される予定である

なお，インターネットによる予約・手配のほうが，窓口よりも割安になるなどのメリットがある。この場合，クレジットカードによる決済が主流のため，法人会員カード以外の個人カードなどを使用する場合は，使用の可否を経理担当に確認したほうがよい[18]。

◆ 航空

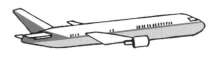

航空券の手配は，まず予約が必要となる。国内線（FSC：フルサービスキャリア）の場合，予約受付の開始は，搭乗日約1年前の午前9時30分からとなっている[19]。直接，航空会社の予約センターに電話を入れるか，その会社のホームページ経由で手配するのが一般的である。

予約をする際は，搭乗する日時・区間・便名・人数・氏名・年齢・希望座席などの情報が必要となる。

航空会社は，搭乗手続きのスピード化や搭乗券のペーパーレス化などを進めている。インターネット経由で申し込んだ場合は，登録したパソコンやスマートフォンなどのメールアドレスへ，航空会社からQRコード付メールが送信され，これが搭乗券となる[20]。

2）宿泊先の手配

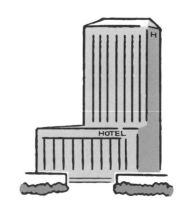

宿泊先を選ぶときは，目的地に近いか，交通の利便性が良いか，あるいは，自社との取引関係や資本系列などを考えたうえで，出張旅費規程で定められている費用と照らし合わせて決める。上司の宿泊先を手配する場合は，上司の社会的地位にふさわしいところか，上司の好みに合っているかなども考慮して決めるようにするとよい。

宿泊先を予約するには，電話連絡の場合は，フロントに宿泊日・日数・人数・部屋の種類・宿泊者氏名・連絡先を伝える。インターネット経由で申し込むときは，電話予約と同じ内容の必要事項を入力し，予約受付メールが届けば，予約は完了する。

18：クレジットカードには購入金額に応じてカード会社独自の「ポイント」が付与される。個人のカードで決済を行った場合は，そのカードにポイントが付くため，個人カードでの購入を認めない企業が一般的である

19：国内線の場合，全日本空輸は搭乗日355日前から，日本航空は搭乗日330日前から，いずれも午前9時30分より，航空券の予約・購入が可能である

20：携帯端末の充電切れには十分に気をつけるようにする。念のため，航空会社からの添付送信されたQRコード付メールを印刷しておきたい

3）旅程表の作成

　旅程表には，交通機関の便名・座席番号，宿泊先の所在地，連絡先などを記入する。場合によっては宿泊先の地図を添付するとよい。旅程表の作成とその取り扱いは，日々予定表の場合に準じる。旅程表は，上司や留守宅など，必要に応じて配付する。

4）出張に必要な持ち物

　日ごろから，出張に必要な持ち物のチェックリストを作り，マニュアル化しておくとスムーズに準備できる。次は，一般的な出張必需品である。

表5-3　出張に必要な持ち物リスト

・旅程表
・交通機関の切符など（鉄道便の乗車券・特急券，航空便の搭乗券，予約番号など）
・宿泊先の予約確認ができるもの（メールを印刷する，スマートフォンで保存し提示する），クーポンなど
・出張旅費（仮払い）
・クレジットカード，デビットカード
・各種証明書（身分証明書，健康保険証，運転免許証，加入団体の会員証など）
・訪問先の情報（所在地・電話番号・地図など）
・出張に必要な書類（資料，案内状，紹介状など）
・名刺（普段より枚数を多く）
・土産物やことづけものなど
・身の回りの品（手帳・筆記具・旅行用品・常備薬・パソコン・スマートフォンなど）

（2）海外出張

　海外出張の場合も，国内出張手続きとほぼ同様であるが，渡航手続きに際しては，パスポートやビザ（査証）などが必要となる。パスポートの手続きと準備にはある程度の日数が必要になるため，海外出張の可能性がある場合は，日頃からの準備が大切となる。

　また，文化や気候・体調管理・時差に留意する。出張先の国の情勢についても，日ごろから情報を得ておく必要がある。外務省や旅行会社のホームページなどから最新情報や対策が入手できるので，事前に確認するとよい[21]。

21：渡航先国により，パスポートの残存有効期間が異なる。事前準備として，外務省や旅行会社などのホームページで渡航手続きに関する確認が必要である

1) パスポート（旅券）

パスポートは，世界で共通する「身分証明書」である。日本のパスポートは，5年間有効（黒色表紙），10年間有効（赤色表紙）の2種類がある。20歳未満は5年間有効のみで，20歳以上の場合，どちらかを選ぶことができる。2020年春から査証欄に葛飾北斎の「富嶽三十六景」が採用される。

図5-1　日本のEパスポート
（IC旅券）

国境を越えて入国・出国するときは，パスポートの携行・呈示が必要となる。

アメリカに入国する場合は，Eパスポート（IC旅券）の所持が必要となる[22]。

2) ビザ（査証）

ビザ（査証）は，入国しようとする外国人が所有するパスポートに与えられた「入国するための推薦」である。あるいは，ビザを所有する者のパスポートが本物であり，表示の範囲内で入国・滞在を認定する「裏書き」ともいえる。ビザは入国許可証ではなく，入国の決定権はあくまでも各国の入国審査官にある。そのため，ビザを所持していても，そのときの状況で入国を拒否される場合もある。

渡航先国・目的・滞在期間などによって，ビザの要否や種類が異なる。また，国によっては事前通告なしに変更される場合もある[23]。ビザの発給手続きは1週間以上かかることが多いため，申請は余裕をもって行うようにする。

2019年10月時点で，日本はEU諸国・アメリカなど190の国・地域とビザ（査証）なし，もしくは到着ビザで入国できる。しかし，ビザは免除されていても，アメリカ（ESTA），カナダ（eTA），オーストラリア（ETAまたはETAs）などの国では，日本出発前にオンラインによる電子渡航認証が義務づけられている。

3) 外貨・クレジットカード・デビットカード

海外で使用するお金は，現金（日本円・現地通貨），クレジットカード（C/C）が主流である。また，最近では預金口座と紐づけられた，決済用カードの「デビットカード」で

22：2016年4月1日より，ビザ免除プログラムでの渡航者および，すでに有効な電子渡航認（ESTA）を取得している渡航者にもEパスポート（図5-1参照）が必要になる

23：ビザの詳細は，日本国内にある渡航先国の大使館・総領事館に確認し，最新の情報を入手したほうがよい

即時決済ができたり，現地通貨を得ることができる。

　日本国内で外貨を準備する場合は，「外貨為替取扱」の表示がある金融機関，国際空港・エアシティーターミナル内の銀行，カレンシーショップ（通貨両替店）などで手数料を支払えば入手できる[24]。また，現地の国際空港や入国審査出口付近の両替専用の銀行でも用意できる。現地のホテルや銀行でも両替はできるが，手数料が割高となる。

　ホテルでのチェックインの際，クレジットカードの呈示を求められることが多い。クレジットカードは身分証明となるからである。

　このように，クレジットカードは，便利で活用頻度の多いものであると同時に，スキミング[25]や偽造カードといった，カード犯罪の危険が伴うことも忘れてはならない。

4）海外旅行保険

　海外旅行中に腹痛や歯痛などで，現地で治療を受けると，日本よりもはるかに高い医療費が請求される。渡航先での交通事故・ケガ，荷物の破損など，渡航中にトラブルに巻き込まれた場合の備えとして，渡航前に海外旅行保険を準備したい。これには，傷害保険・疾病保険・賠償責任保険・救援者費用保険・携行品保険などの種類がある。なお，クレジットカードに海外旅行保険がセットになっている場合もある。保険適用となるには，海外旅行保険と違う場合があるため，それぞれの契約内容の確認が必要である。

5）万一に備えて

　渡航先でパスポートの紛失，盗難に遭ったときは，現地の日本大使館または総領事館に申し出て，パスポートの新規発給申請手続きを行う。この手続きを円滑に進めるためには，パスポート用の証明写真（縦4.5cm×横3.5cm，2枚）とパスポート番号，有効期限が必要になる。このような万一に備えて，予備の証明写真や，パスポート番号の載ったページのコピーなどを，渡航前に準備しておくとよい。

6）出国・入国時の留意点

　ほとんどの国で，渡航者に対して出入国税や空港施設使用料などの支払いが，法律などにより義務づけられている[26]。渡航先で高額な品物を購入した場合は，関税申告の対象と

24：現地通貨を用意するときは，高額紙幣（100ドル以上）よりも，小額紙幣（20ドルなど）を準備するとよい

25：他人のクレジットカードやキャッシュカードの磁気記録情報を不正に読み出してコピーを作成し，偽造カードなどを作成し使用する犯罪行為のこと。最近では非接触のスキミングもみられるので，対策が必要である

26：2019年1月7日より「国際観光旅客税」（通称：出国税）の徴収が開始された。日本から出国する旅客（国際観光旅客等）は，出国1回につき1,000円（消費税対象外）を，航空券発券時に支払い，国に納付することになる

なったり，液体物の機内持ち込みの制限や，リンゴやナシなど生の果実の持ち込み禁止など，国によって取り扱いが異なる。出発前に，渡航先の情報を確認することが大切である。

7）そのほかの手配

　普段使っている携帯電話やスマートフォンなどのモバイルツールを，海外出張に持って行くビジネスパーソンが増えている。渡航先のホテルや現地事務所などでインターネットが利用できれば，メールの送受信ができ，業務がはかどるからである。

　海外でこれらのモバイルツールを使用できるようにするには，渡航前に，契約している携帯電話会社での，海外ローミングサービスなどの加入手続きが必要となる。海外では，現地の電話会社を経由するため，通話料金や通信料がかなり高額となる。海外出張の際，連絡方法をあらかじめ決めておくとよい。

（3）国内出張・海外出張の事後処理

　出張からの帰着後は，出張報告書の作成，名刺の整理，仮払金の精算，現地で立て替えた領収書の提出などの，事後処理を手際よく行う。同時に，出張先でお世話になった人への礼状や電話などで，感謝の気持ちを速やかに伝えるように心がける。

第5章のポイント学習

次の文が正しい場合は○を，誤っている場合は×をつけてみよう。

(1) （　　） 上司のプライベートな予定は，自分の手帳にメモしておく。

(2) （　　） 出張には，期間別では「日帰り出張」と「宿泊出張」，地域別では「国内出張」と「海外出張」に分類できる。

(3) （　　） パソコンによるスケジュール管理は，前の訂正内容を確認できる。

(4) （　　） 旅程表は一日単位の予定を立て，日々予定表（日程表）を基本にして作成する。

(5) （　　） 年間予定表は長期計画として1年間の流れをとらえるために，入社式・株主総会などの社内行事や定例会議などが記載されるもので，それぞれ開始時刻や終了時間も書き加える。

(6) （　　） 航空券の手配は，インターネットや空港カウンターで用意できる。

(7) （　　） 海外のホテルにチェックインするときは，パスポートを呈示するだけで，クレジットカードの提出は不要である。

(8) （　　） 日本でホテルを予約し，現地決済することになっていた。クレジットカードを提示したが，そのカードを受け付けてくれなかった。ホテルからは別カードを求められたので，デビットカードを提示した。

(9) （　　） 観光でオーストラリアへ行くことになった。チケットやホテルは個人手配しパスポートの残存有効期限を確認し，ESTA も準備できた。

(10) （　　） 日本のパスポート（E パスポート）を持っている人は，出国・帰国手続きで顔認証ゲートを使用することができる。この場合，パスポートにスタンプ（証印）も押される。

参考文献

石井典子・三村善美『ビジネス文書実務：try to start business writing　改訂版』早稲田教育出版，2012.

ANA ラーニング監修『〈図解〉これで仕事がうまくいく！ビジネスマナーの基本ルール：「基本のマナー」から「できる大人の仕事術」までコレ 1 冊で大丈夫！』成美堂出版，2011.

奥秋義信『勘違い敬語の事典：型で見分ける誤用の敬語』東京堂出版，2007.

金田一春彦『日本語の特質』日本放送出版協会，1991.

スティーブン・R・コヴィー著，フランクリン・コヴィー・ジャパン訳『完訳 7 つの習慣：人格主義の回復』キングベアー出版，2013.

齊藤勇『イラストレート人間関係の心理学　第 2 版』誠信書房，2015.

佐々木怜子監修『事例に学ぶ事務・文書』東京法令出版，2006.

渋沢栄一『論語と算盤』（角川ソフィア文庫）KADOKAWA，2008.

スピーキングエッセイ編著『ビジネスメール：そのまま使える全文例＆言い換えフレーズ例』秀和システム，2010.

スピーキングエッセイ監修『お客様の心をつかむ！ 接客サービスのルールとマナー：イラストで徹底解説』秀和システム，2008.

サービス＆ホスピタリティ・マネジメント研究グループ著，徳江順一郎編著『サービス＆ホスピタリティ・マネジメント』産業能率大学出版部，2011.

Ｐ.Ｆ.ドラッカー，上田惇生訳『ドラッカー名著集 13 マネジメント：課題，責任，実践 上』ダイヤモンド社，2008.

中川美恵子監修『図解ビジネスマナーの教科書：見てわかる』ナツメ社，2010.

西尾宣明編著『新版日本語表現法：「書く」「話す」「伝える」ための技法』樹村房，2013.

日経おとなの OFF『おとなのマナー実戦講座：あなたの常識，間違っていませんか？』（日経ホームマガジン）日経 BP 社，2005.

久野和禎『いつも結果を出す部下に育てるフィードフォワード』フォレスト出版，2018.

平田祐子「ビジネス・コミュニケーションの視点から考える敬意表現について：敬語指導を中心に」『秘書教育研究』第 11 号，日本秘書教育学会，2003.

平田祐子「ビジネス・コミュニケーションの視点から敬意表現について考える：ビジネス・シーンでの敬語表現を中心に」『秘書教育研究』第 12 号，日本秘書教育学会，2004.

藤田英時『メール文章力の基本：大切だけど，だれも教えてくれない 77 のルール』日本実業出版社，2010.

ブレインワークス著，コンテンツブレイン企画・編集『電子メールの基本スキル：賢く使いこなし，ビジネスの効率を高める』カナリア書房，2009.

藤本忠明・東正訓編『ワークショップ人間関係の心理学』ナカニシヤ出版，2004.

Ａ．マレービアン著，西田他訳『非言語コミュニケーション』聖文社，1986.

水谷修『話しことばと日本人：日本語の生態』創拓社，1987.

水原道子編著『キャリアデザイン：社会人に向けての基礎と実践』樹村房，2016.

水原道子編著『接客の実務：各業界こんなときどうする』樹村房，2006.

横山秀世編著『ビジネス文書：オフィスワーカーの実務』建帛社，2011.

Chambers ed., *Chambers Dictionary of Etymology*, Chambers, 1999.

Dance, F.E.X. and Larson C. E., *The Functions of Human Communication: Theoretical Approach*. New York: Holt McDougal, 1976.

全日本空輸　https://www.ana.co.jp/　「航空券・ANA e チケット」（参照　2019-08-31）

外務省　https://www.mofa.go.jp/　「パスポート（旅券）次期旅券発給開始時期について」（参照　2019-08-31）

国税庁　https://www.nta.go.jp/　「国際観光旅客税について」（参照　2019-08-31）

在日米国大使館・領事館　https://jp.usembassy.gov/　「ビザ免除プログラムのパスポート要件の変更について」（参照　2019-08-31）

JR 東海　https://jr-central.co.jp/　「東海道・山陽・九州新幹線　特大荷物置き場の設置と事前予約制の導入について」（参照　2019-08-31）

資生堂　https://www.shiseidogroup.jp/　「資生堂，顔・表情研究から生まれた「笑顔アプリ」を実用化」（参照　2019-08-31）

日本航空　https://www.jal.co.jp/　「予約開始日」（参照　2020-01-04）

Henley & Partners https://www.henleypassportindex.com/ "The Henley Passport Index Q4 update October 2019"（参照　2019-10-30）

［執筆者一覧］

監修者
　水原　道子　前大手前短期大学

編著者
　宮田　篤　青森中央短期大学　　　　　　第Ⅰ部－2

　上田　知美　四天王寺大学短期大学部　　　第Ⅱ部第5章
　苅野　正美　プール学院短期大学　　　　　第Ⅱ部第1章，第Ⅲ部第5章
　串田　敏美　京都文教短期大学　　　　　　第Ⅱ部第4章
　兒島　尚子　大阪樟蔭女子大学　　　　　　第Ⅲ部第2・4章
　髙橋眞知子　名古屋経営短期大学　　　　　第Ⅲ部第3章
　平田　祐子　大阪国際大学短期大学部　　　第Ⅱ部第2章
　西村この実　比治山大学短期大学部　　　　第Ⅱ部第3章
　野坂　純子　大手前短期大学　　　　　　　第Ⅲ部第1章
　森山　廣美　四天王寺大学短期大学部　　　第Ⅰ部－1

新・ビジネスとオフィスワーク

令和2年4月3日　初版第1刷発行

〈検印省略〉

編著者Ⓒ　宮　田　　篤

発行者　大　塚　栄　一

発行所　株式会社 樹村房
JUSONBO

〒112-0002
東京都文京区小石川5-11-7
電　話　　03-3868-7321
ＦＡＸ　　03-6801-5202
振　替　　00190-3-93169
http://www.jusonbo.co.jp/

印刷・製本　亜細亜印刷株式会社

ISBN978-4-88367-335-3
乱丁・落丁本は小社にてお取り替えいたします。